全国创业指导系列培训教材

CHUANGYE ZHIDAO

创业指导

编审委员会

主　　任：刘　康　毛　健　宋　建

委　　员：蔡　兵　邢　莹　张　伟　张　薇　郭　楠
　　　　　马　威　包来英

编写人员

丛书主编：宋　建

主　　编：赵　伟　蔡　兵

编　　者：（按姓氏笔画为序）
　　　　　马　威　王建霞　冯　卓　刘　凌　杨荣周
　　　　　张　薇　赵　伟　郭　楠　徐成响　徐洪江
　　　　　魏　欣

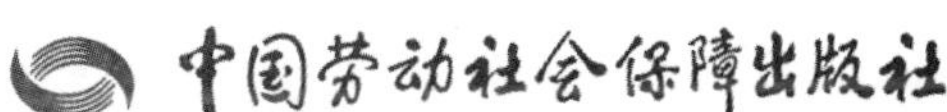

图书在版编目(CIP)数据

创业指导/中国就业培训技术指导中心，中国就业促进会创业专业委员会组织编写. —北京：中国劳动社会保障出版社，2013

ISBN 978-7-5167-0318-2

Ⅰ.①创… Ⅱ.①中…②中… Ⅲ.①职业培训 Ⅳ.①C975

中国版本图书馆 CIP 数据核字(2013)第 052871 号

中国劳动社会保障出版社出版发行

（北京市惠新东街 1 号 邮政编码：100029）

*

三河市华骏印务包装有限公司印刷装订 新华书店 北京华鉴资料服务中心 经销

787 毫米×1092 毫米 16 开本 14.25 印张 218 千字

2013 年 11 月第 1 版 2017 年 10 月第 5 次印刷

定价：30.00 元

读者服务部电话：（010） 64929211/64921644/84626437

发行部电话：（010） 64961894

华鉴发行部电话：（010） 84669851/9858/9885

出版社网址：http://www.class.com.cn

前言

就业是民生之本，创业是就业之源。促进创业带动就业是我国实施积极就业政策的重大举措。十八大报告首次将鼓励创业写入就业方针，将鼓励创业与促进就业放在同样重要的位置，这是一个重大的发展。近年来，随着创建创业型城市工作的开展，为适应创业工作新形势的需要，更好地帮助各地区改善创业环境，健全创业服务体系，建立创业指导服务机构，中国就业培训技术指导中心和中国就业促进会创业专业委员会开发了创业指导培训课程，并组织编写了《创业指导》系列培训教材。

本教材包括创业指导概述、创业指导人员基础职业能力、创业指导的方法和工具、创业指导的服务内容四个模块，将创业指导工作进行清晰的定位和解析，系统完整地阐述了创业指导人员开展工作的方式、方法以及实际指导流程，并配合体验式教学模式进行授课。通过案例分析、现场讨论、情景模拟、沙盘演练、创业实训等多种手段来学习创业指导实用的内容，注重实践操作性环节，确保创业指导人员能够学以致用。

本教材采用国际先进的模块化和单元化的体例结构，将知识点和技能点以学习要点的形式表述。教材紧密地结合创业指导人员的实际工作，提供了大量生动丰富的案例，并且在每个模块开始部分都加入了“导入案例”以及“案例启示”，对案例进行了分析和解读。同时，教材中使用了大量的图形表格，将文字内容生动形象地视觉化和结构化，文中的“小贴士”提供创业指导人员开展工作所要注意的事项和提示。在每个单元后面还提供对应的“思考与练习”，便于创业指导人员更好地利用教材进行学习。

基于目前创业指导在职业培训领域中技术尚属空白，我们在逐步摸索各地区创业培训及服务的成熟做法和先进经验的基础上开发了该教材，技术有不成熟之处请各界人士批评指正，我们也将继续积极完善创业指导体系建设。

本教材是在各位专家共同努力下完成的，由徐成响完成模块一部分的编写，王建霞、刘凌共同完成模块二部分的编写，赵伟、徐洪江共同完成模块三部分的编写，冯卓、杨荣周、魏欣共同完成模块四部分的编写，赵伟对全书进行了统稿。同时，为保证该教材的实用性和适用性，编写人员进行了大量的调研和试点工作，为本书成稿作出贡献。在此一并表示衷心的感谢！

由于水平有限，书中难免有不完善之处，敬请大家在使用过程中注意发现并收集问题，及时反馈给我们，以便再版时进行修订。

中国就业培训技术指导中心

中国就业促进会创业专业委员会

2013 年 11 月 30 日

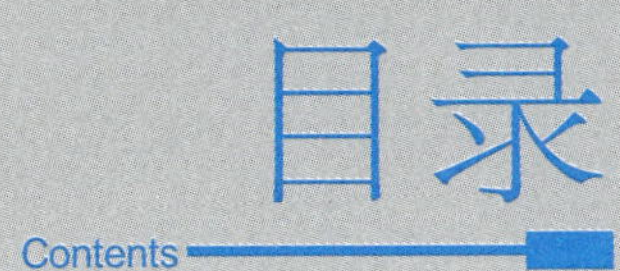

目录

Contents

模块一　创业指导概述

CHUANGYE ZHIDAO GAISHU

一般来讲，一个创业者面临创业时，会有以下三类问题：创业认识、创业实施以及创业困惑，如图 1—1 所示。

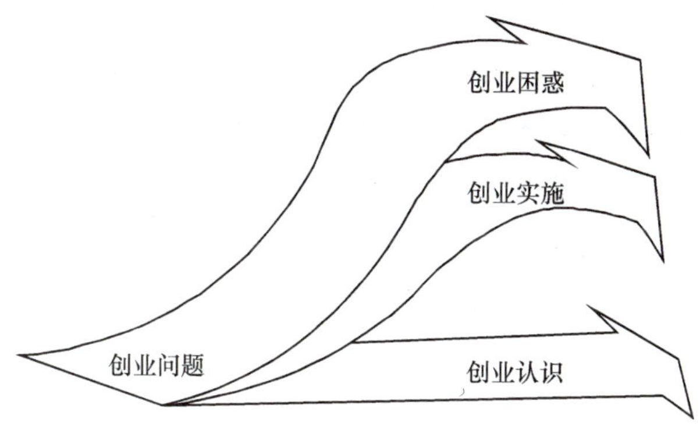

图 1—1　创业者遇到的三类问题

与之相对应的创业服务分别是：创业培训主要解决创业认识问题；创业指导主要解决实施问题，即常规性、一般性的操作问题；创业咨询主要解决创业困惑问题，即创业中遇到的非常规性、个性化的疑难问题。创业指导是一种新兴的创业服务方式，从其逻辑起点上讲，与创业咨询同属于咨询业，是咨询业在创业服务领域的细分业态。因此，我们需要站在咨询业和创业服务的融合角度来对创业指导的概念进行正确的界定，这样才能让创业指导人员、创业者（或称被指导对象）对创业指导有一个完整的、准确的认识。

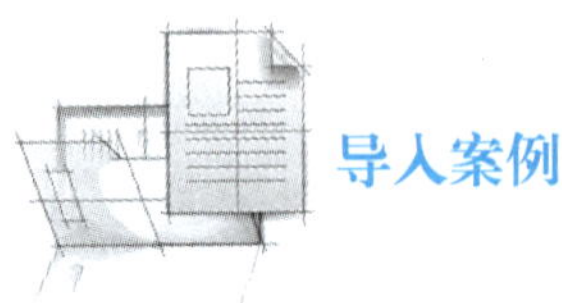

导入案例

这是一位创业指导人员写给新入行即将从事创业指导的员工的一封信，他谈了做创业指导与如何选择职业生涯的体会。

亲爱的同事们：

创业指导是一项富于挑战性并且要求极高的工作，在你开始这项工作的时候，你几乎没有任何个人控制力与影响力。工作计划是事先制订好的，还有客户分配、团队架构，以及如何定义问题也都是。有时候你回想起过去那么多年的努力与取得的成就，再看看自己现在需要一切从头开始，会感到沮丧。另外，创业指导的整个环境也不容乐观。比如，很多客户难以相处，挑剔并且不可理喻。我们常常需要尝试去抚平客户不切实际的期望。

但是，由于创业指导会让我们拥有解决不同类型问题的机会，结交精英的同事，构建团队模式等，你可以快速地学习新知，但是你必须付出高昂的代价，尤其是要承受巨大的压力。这里，我们需要问自己一个问题：创业指导是否是适合你自身能力与气质的选择。对这个问题的回答能帮助你决定选择怎样的职业道路。一种选择就是做自己的工作，不抱怨令人不满的环境，在其他的地方获得安慰。另一条路是为个人成就而奋斗，最终超越环境。你只有在追求个人的卓越表现时才会觉得工作是真正令人享受的，因为职业成就感才是创业指导工作留住人的真正原因。

案例启示

新人成长是每一个发展迅速的行业都会遇到的难题，对创业指导尤其如此。新人入行一般要经历以下四个阶段：

一、不知道自己不知道

新人乍一入行，往往以为自己身怀绝技，其实不然，看似简单的工作也会干得吭哧吃力，大错小错不断。新人入行的第一关，是去感受与成就感截然相反的挫折感。

二、知道自己不知道

在经历了不同的项目、不同的被指导对象后，便能拂去书生意气，静心沉思会发现任何人和事都有可学习之处。第一阶段的挫折感对新人来说非常有益，可以在创业指导的过程中发现自己的不足，找到前进的方向，做到困而知之。

三、不知道自己知道

随着指导经历的丰富，便会进入一个新的阶段：越做胆子越小。人常常以为自己看过或者经历过的东西真的明白了，其实不然。与其天天学习新知识、见识新事物，不如时时回顾已有的知识、已经历的指导项目，做到“温故而知新，吾日三省吾身”。

四、知道自己知道

经过前三个阶段的积累，创业指导新人便能充分地认识创业、认识创业指导、认识自己，从而在成长的力度、速度和可接受度上求得平衡，也就找到了自己在创业指导工作中的准确定位。

第一单元　创业指导

学习要点一　创业指导的概念

创业指导是指掌握指导的一般原理、方法和工具，并且具有较为丰富的创业知识和经验的专业人员运用指导策略、技术和方法，去帮助被指导对象有效实施创业的一种创业服务活动。

创业指导不是让被指导对象“知道”一些事情，而是让被指导对象“会做”一些事情，但又不同于“师傅带徒弟”，师傅是徒弟或后辈学习模仿的对象。师傅是专家，对某行业或某个工序有非常熟练地掌握，带领着后辈甚至通过亲身示范以给后辈增加经验和技巧，师傅一般是要有一套熟练的技巧传授给徒弟的。事实上，创业指导人员不需要往往也做不到对每一个被指导对象的创业项目都有非常独到的掌握，而是应该知道如何发挥被指导对象的优点，协助其订立目标和达成目标。就像篮球赛事中的教练一样，最多在场边呐喊，在中场休息时给予队员指导和鼓励，从来不会入场参赛。创业指导是从第三方的角度帮助创业者把问题看得更清楚。

另外，创业指导既不是培训，也不是诊断，更不是一般意义上的咨询，而是创业指导人员与被指导对象之间建立合作伙伴关系，通过发现、设定目标以及具体行动这一过程，来实现被指导对象顺利实施创业的目标。创业指导不同于创业策划，因为创业策划一般是创业者对自己拥有的资源或通过努力能够拥有的资源进行优化整合，从而创造出更大经济或社会价值的过程。创业是一种劳动方式，是一种需要创业者组织、运用服务、技术等的思考、推理、判断的行为。策划又称“策略方案”或“战术计划”，是指人们为了达成某种特定的目标，借助一定的科学方法和艺术，为决策、计划而构思、设计、制作策划方案的过程，但与“指导”相比，“策划”更强调谋略性。在创业指导工作中也会涉及创业策划，即创业指导人员为帮助创业者达到创业目标而构思、设计、制作方案，以使创业者有规可循。以上定义可以看出创业策划中的策划建议主体与策划行为主体可能分离也可能合一。在实际工作中，创业策划往往成为创业咨询和创业指导的一项辅助性服务内容。

具体而言，创业指导包含了五个方面的含义：

一、创业指导人员必备的条件

1. 掌握指导的技法，要经过指导的专门教育和训练。
2. 有创业的理论知识。
3. 有创业的实践经验。

因为创业指导承担了引导和改善被指导对象创业的任务，所以它是一种高智能、高强度的脑力劳动，这就决定了创业指导人员必须具有较高的素质、创业知识以及指导的经验。

二、创业指导的对象

创业指导的对象是指有指导需求的创业者，且这种指导必须是建立在自愿的基础上。因为创业指导本身就是一种服务，它不同于检查、验收。对于检查、验收，创业者是被动的，同时由于怕查出问题而影响自身“形象”，创业者具有“讳疾忌医”的心态；对于创业指导，一般情况下创业者是主动的，是创业者自我感到“迷茫”：如对创业项目选择感到困惑、创业的组织结构不知如何设置等，但自己又苦于理不出头绪的情况下，主动请求创业指导人员对其进行指导。

三、创业指导的方式

创业指导的核心内容是：创业指导人员以中立的、客观的身份运用指导方法反映被指导对象的心态，使其洞悉自己，并就自身表现的有效性给予直接的回应，令被指导对象及时调整心态、清晰目标，以最佳状态去创造成果。

四、创业指导的目的

创业指导的目的是：有效地将人力资源转化为生产力。通过创业指导，使被指导对象的创业活动按正确的方向和方法开展，一方面在创业者的行为脱离“正轨”时帮助其返回“正轨”；另一方面协助创业者做得更好，将其优点发挥到高峰，而不是将焦点投放在修改其缺点上。

五、创业指导的性质

创业指导是有组织、有规律、有章法的智力服务活动，创业指导人员以自己的知识和经验为被指导对象提供创业指导服务。创业指导的本质是塑造能够让被指导对象有所发现的环境，通过帮助被指导对象加工处理自己的经验，从而形成在现实中可以灵活运用的能力。

案例
创业规划指导

小王喜欢并且擅长网络维护工作，大学毕业后他进了一家私营网站做网管。后来发现自己非常不喜欢整天为别人工作，于是离开公司创业，自己创立了一个小工作室，专门为企业做网站的维护工作。维持了3个月后，小王还是失败了，因为自己不擅长联系业务，事前又没有找到合适的合作伙伴，3个月下来工作室的租金、水电费等开销把本来就不多的本钱全部挥霍一空。

小王伤心极了，决定改行做玩具生意。他认为自己有几大非常充足的理由：老家浙江有非常多的玩具生产厂家，找熟人拿货应该不是问题；老家的一个“发小”比较熟悉玩具行业，两人可以合作；虽然手里没有创业资金了，但是因为自己擅长网站管理，所以可以尝试先从网上开店做起，但是现在的网上商店太多，竞争也很激烈。同时，小王也有自己的疑虑，老家的厂家全部是外销，内销很少，不知道国内玩具行业现在到底怎样；还有资源整合、销售计划等一系列问题，都让小王感到发憷。

小王找到某创业指导机构的创业指导人员张老师寻求指导，在全面了解小王的情况之后，张老师帮助他分析了第一次创业失败的原因，指出了没有做好创业计划，没有看到周转资金等问题。就目前创业项目的选择，张老师认为，创业应该选择自己的强项去做，成功的概率会高些。而小王选择玩具行业，明显的弊端有四点：第一，做玩具需要一定数量的启动资本，与小王的实际情况相违背；第二，时下产品市场及销售渠道是最关键的，但也是小王最不了解的地方；第三，新的合作伙伴只是熟悉该行业，但是并不擅长经营与销售，这一点与小王无法互补；第四，企业经营管理是创业者必备的基本能力，小王在这方面也有些欠缺。

小王是否继续选择创业，该选择什么项目创业？张老师建议小王对自己未来三年的发展做一个职业规划，确定具体目标。如果实在热衷创业，则应首先提高管理水平，掌握企业公关技巧。同时，要增加一些创业知识的积累，做好危机防控工作。

学习要点二　创业指导与创业培训、创业咨询的区别

一般来讲，不同的创业服务方式其规则即服务创业者的阶段和角度是不同的，这就需要我们准确地把握创业指导与相关的其他创业服务方式概念的区别，进而做到准确界定创业指导人员与相关职业的边界。需要说明的是，不同的创业服务方式在实际应用中往往会被综合运用，而不是相互隔离和排斥的。

一、创业指导与创业培训的区别

创业培训是寻找创业者现实表现和理想表现差距，然后提供训练或教育，以缩短差距，最终具备创业能力的过程。创业培训主要是传授概念和技术，意味着将一套已有的知识和技能灌输给创业者，而创业指导并不灌输概念及技术，大多数情况下，人之所以未能实现理想，不是因为缺少了某些知识技能，而是因为没有看清事实的真相，没有足够的动机和态度。创业指导则运用指导技术使创业者认清事实真相，找到问题产生的真正原因，增强被指导对象的信心，使问题自然解决。

二、创业指导与创业咨询的区别

创业咨询顾问往往是某个范畴的专家，创业者聘用创业咨询顾问服务时，其实质就是购买其专业知识。创业咨询顾问会为创业者的问题寻找答案，提供解决方案。而创业指导则相信大部分情况下最好的答案早已潜藏在创业者的心中，只是当局者迷，暂时没有发现而已。创业指导是没有既定答案的，往往因人而异，也可以说是"因材施教"，其所做的是引导创业者了解自己的真实情况，从中发现属于自己的答案。甚至可以这样定位：如果要创业者做得最多，创业指导人员就必须要指导得最少。

系统地看，上述三个概念之间既有一定程度的交叉（见图 1—2），又有相互的递进和循环（见图 1—3），而不是绝对的相互独立，这是由创业者在创业过程中遇到的各种问题相互交织的特点所决定的。

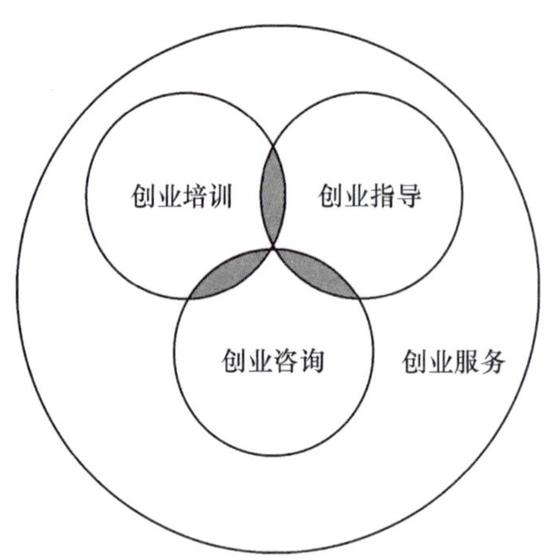

图 1—2　创业培训、创业指导和创业咨询之间的交叉关系

学习要点三　创业指导的作用

一、通过指点、引导创业者的行为，使其更准确地了解、掌握国家的有关经济法规，以及工商、税务、金融、科技、管理、劳动等方面的专业知识，帮助他

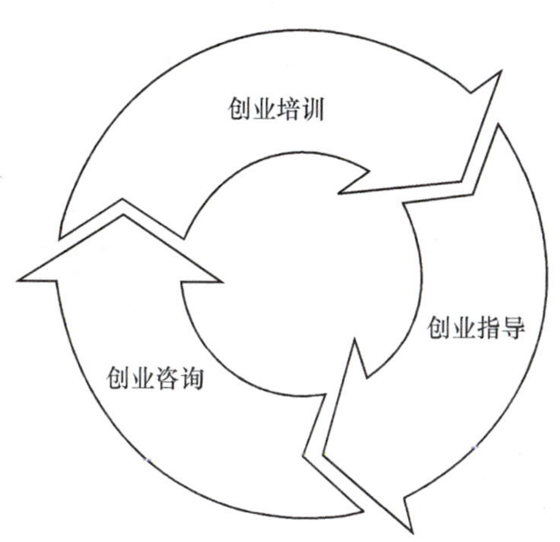

图 1—3　创业培训、创业指导和创业咨询之间的循环递进关系

们选准创业方向，减少投资的盲目性，降低创业风险，从而提高创业的成功率。

二、配合国家和地方公共部门贯彻与创业有关的各项方针政策，发挥客观上作为国家和地方公共部门对创业进行间接管理与指导的手段和作用。

三、通过在创业指导现场掌握的第一手信息（不涉及企业机密）向政府等有关机构反馈，促进有关创业的各种政策措施的完善，并提高政策实施的效率。

四、在实践中提高创业指导人员水平，适应环境变化，调整、完善创业指导和服务工作，不断完善公共创业服务平台功能，促进创业服务体系建设。

五、通过创业指导，实现就业倍增效应。创业者通过创业指导成功创办新企业或实体，在解决创业者本人就业问题的同时，也为社会创造了一批就业岗位，能帮助更多的人员实现就业或再就业。

相关知识链接

国内咨询业

在国内，很长一段时间咨询似乎并不能称为一个行业。在工商登记部门，管理咨询公司和婚姻介绍所是划为一类的，许多人认为咨询就是信息

中介和人才中介，因为他们都贯之以“信息咨询公司”等名字。实际上，这与真正意义上的咨询还是有很大差别的，因其提供的主要是一种信息；咨询则不同，比如财务咨询等，其主要工作是在基本原理和方法的基础上，结合客户情况，进行创造性思考，提出个性化的解决方案。

在咨询中，又可以分为两种，一种是代替客户解决问题，完成客户需要完成，但自己没有能力或由于某些限制不能完成的工作。比如会计师事务所的审计、税务工作，在其中，客户参与很少，而且，已经形成较为规范、固定的工作程序和方法，允许个人发挥的空间较小，其工作着眼于短期问题的解决，结果易于衡量，如一份审计报告。另一种是帮助客户解决问题，与客户一起解决，正如咨询行业的标准制定者麦肯锡所言：我们寻求与客户一起解决问题，而不是代替他们解决。咨询工作中要求个人发挥的部分很大，工作着眼于组织长远发展，包含几个层次，有成形的报告，有过程中思想的交流，有文化和价值观的转变，不易于在短期业绩中表现出来。此类咨询的典型代表是管理咨询，这其中又分成业务发展战略、人力资源管理等咨询活动。

在我国，咨询业的发展完全是与改革开放的进程相伴的，近 30 年的发展历程虽不算长，但已经经历了从官办咨询到信息服务咨询到管理咨询的几个阶段：80 年代初，政府开始创办咨询企业，它们主要集中在投资、科技和财务咨询领域。90 年代初一批外资和私营“信息咨询”“市场调查”公司开始涌现，并为企业提供规范化咨询服务。经过 5 年左右的发展，如“零点调查”“盖洛普（中国）咨询”等脱颖而出。时至 90 年代中期，国外管理咨询公司大批进入中国，从此管理咨询业告别了“出点子”时代，进入专业化发展阶段。到了 21 世纪，一些国内管理公司开始在市场上崭露头角，出现了“派力营销”等一批咨询企业。

思考与练习

1. 请简述创业指导的含义。
2. 请简述创业指导与创业培训、创业咨询、“师傅带徒弟”、创业策划等概念之间的区别。

第二单元　创业指导人员

学习要点一　创业指导人员适合的群体

一、创业指导人员的含义

创业指导人员是指具有创业或创业服务相关的实践经验，经过行政主管部门的培训、考核，掌握了创业指导的知识和技能，并取得创业指导证书的人员。

二、创业指导的从业群体

1. 公共服务部门各级从事创业工作的管理服务人员。

2. 为潜在创业者及现实创业者提供指导服务的创业培训师资。

3. 为学生提供创业服务的人员，包括技工院校、中高职院校、高等院校的师资。

4. 有意愿参与创业指导的相关社会人员，包括各类创业服务或培训机构的相关人员。

学习要点二　创业指导人员与创业者的角色异同

一、相同点

1. 均须具备一定的创业知识及实际操作经验。只有这两者兼备，一个创业者或创业指导人员才能真正准确把握创业的现实，也是创业者管理好所创企业、创业指导人员正确指出问题并提出指导意见的必要前提。

2. 均须具备分析问题、解决问题的基本能力。创业者也好，创业指导人员也好，他们最主要的工作就是解决创业存在的问题，实现目标。创业指导人员自然需要很强的分析问题、解决问题的能力，创业者也是如此。当然，创业者更多的是解决日常发生的相对比较烦琐的业务性、操作性问题，但创业指导人员则显然应当超越于此，更多地应当向创业者提供专业性更强的管理工具、方法和体系。一个好的创业者本身往往就是一个好的创业指导人员，但一个好的创业指导人员不一定是一个好的创业者。

3. 均须有很强的团队合作、领导能力。创业指导人员和创业者都必须团队作业，而且常常需要自己担负起团队领导性质的工作，以推动整个团队或组织在设定的方向和轨道上前进。创业指导人员并非仅仅提供一下个人的专业见解，而是需要与其他指导人员及创业者进行充分的研讨交流，寻找并且形成对于创业者而言切实可行的最佳指导意见，创业指导工作充满了互动和群体智慧。

二、差异点

1. 最大的差异点是创业者始终在一个完整的创业管理大局内，而创业指导人员则必须有意识地将自己的立足点从创业者角色上移开，以纯粹的第三者身份客观审视包括创业者本人在内的创业管理问题。创业者必须牢牢扎根于创业现实之中，需要关注和处理的事务有巨有细。而创业指导人员更多的是需要从旁观者的角度审查创业者及其创业活动，以便于客观观察和判断创业者存在的一些问题。创业指导人员原则上讲不能与创业者存在服务合同之外的利益关系，以避免创业指导人员的心智受到利益关联的干扰。

2. 其次的差异在于创业者更多地需要同时对决策和执行负责任，而创业指导人员更多的只是提出供创业者参考决策的指导意见。这两者角色颇似体育项目中的教练和运动员之分。这意味着创业指导人员更多地会考虑如何向创业者提供最佳指导意见，而创业者则必须更多地考虑创业的具体条件和现实可行性，以及不同的解决方案对于创业资源的要求高低问题。创业者是运动员，创业指导人员则担当教练员的角色。

3. 最后一个差异是创业者需要对经营结果担负最终责任，而创业指导人员则在提供指导方意见或实施指导后退出。因为创业者的情况随时在变，创业指导人员提供的指导意见是大的基本框架，是解决方案而不是最终结果，创业者也需要这个，但怎么用好、消化这个框架，更大的责任应当在创业者自己。

学习要点三　创业指导人员的道德规范

创业指导道德规范是指创业指导人员从事创业指导活动时应遵循的道德规范和行为准则。作为一项职业，创业指导有它独特的知识内涵、知识结构、目标、方法、技巧、规则、工作程序和工作条件，其职业道德理念和价值观对创业指导工作起着核心的作用。统一的职业道德和价值观不仅可以保证创业指导人员得到创业者的信赖，使自己的工作处于良性状态，还可以规范创业指导人员的工作行为，提高创业指导行业的服务水平和整体素质，获得良好的社会形象。

创业指导人员的道德规范一般包括以下内容：

一、基本准则

1. 独立、公正、客观的立场，提供真实、科学、有效的指导服务，同时发扬团队精神，不得以任何形式损害同业人员与团队的名誉。

2. 接受创业指导机构的业务管理及有关政府管理部门的管理和监督。同时，要不断学习新知识、新理论，关注创业及创业指导发展动向，提高自己的业务能力和服务水平。

3. 坚持被指导对象第一的原则，维护被指导对象的合法权益，在不违背社会和公众利益的前提下，一切为了被指导对象的利益。

4. 创业指导人员在工作过程中，所得到被指导对象的各种资料和信息，应为之保守秘密。除非被指导对象允许或国家法律、法规要求公布外，不得以任何形式提供、泄露给第三者。指导成果的管理应以双方约定为准，原则上指导案例在发表、演讲时，必须隐去对被指导对象的外部信息特征，如名称、行业地位、特殊经营以及数据、图片等。

5. 创业指导人员的劳动报酬应以合同为准，除此之外不得向被指导对象索要任何额外佣金、商品批发折扣和零售折扣或其他间接补偿。杜绝收受被指导对象内部分歧一方的任何补偿与约定。

二、业务准则

1. 创业指导人员依据自己或机构的学识和能力，只接收能胜任的指导工作，在胜任的业务领域内开展工作。在承接指导业务时，一般应与被指导对象签订指导服务合同书，明确指导范围和双方各自的责任，并遵守合同约定，按时按质按量完成服务。

2. 创业指导人员应以公平、合理的方式进行业务谈判，禁止利用信息不对称蒙蔽被指导对象，要把信誉建立在优质服务之上。自觉抵制同行业之间的不正当竞争，同行业之间要相互尊重、团结协作，共同维护行业的道德和信誉。

3. 创业指导人员应以科学、诚实、严谨的态度为被指导对象提供服务，在工作过程中应按国家有关法律、法规、政策和标准要求，确定具体的工作计划和技术要求，并认真执行。在指导业务中不受第三方的干扰。

4. 创业指导人员在提供指导服务时，应准确把握自己的定位，不得代行被指导对象的决策职能与管理职能。

5. 创业指导人员进行创业指导时切忌先入为主，在没有数据与其他根据时，不要对现象做出判断性结论，切忌以现象解释现象。

三、行为准则

1. 语言

在指导过程中，尽量使用被指导对象可以接受的表达方式，禁止在被指导对象面前卖弄，表露过多的专业术语，给被指导对象轻浮的印象。

2. 沟通表达

切忌在被指导对象面前咄咄逼人，对被指导对象的意思表达持否定态度，以我为尊。

3. 倾听

对于被指导对象，倾听是最好的尊重方式。必须有耐心、细心倾听被指导对象的所有关键表达，适时可以做出点头、嗯等倾听表示。

4. 服饰

尽量标准的职业服饰，避免佩戴超过两件首饰，不染怪颜色的头发，不作奇异发型。

5. 社交礼仪

对进门、坐姿坐态、站立、行走、酒桌等严格遵照礼貌原则，切忌与被指导对象在正式场合过度饮酒以及接受一些不恰当的馈赠。

思考与练习

1. 请简述创业指导人员的概念。
2. 请简述创业指导人员的道德规范包括哪些内容。

第三单元　创业指导的一般原理、模式及应用

学习要点一　创业指导的一般原理

一、形式训练说

形式训练说是最早的一种迁移理论，至今在欧美盛行了约200年。它是以官能心理学为依据，认为人的各种活动都由相应的官能所主宰，各种官能分别从事不同的活动，例如，利用记忆官能进行回忆活动，利用思维官能从事思维活动。官能即注意、知觉、记忆、思维、想象等一般的心理能力。形式训练说认为迁移要经过一个"形式训练"的过程才能产生。对官能的训练就如同对肌肉的训练一样，而得到训练的官能又可以自动地迁移到其他活动中去，即一种官能改进了，其他所有官能也会在无形中得以加强，如记忆官能增强以后，可以更好地学会和记住各种东西。形式训练说认为，要发展和提高各种官能，除了"训练"之外，没有别的办法，如感觉是越用越敏锐，记忆由记忆而增强，推理能力、想象能力则由推理和想象而长进，这些能力如果不用，不训练，便会变弱。官能训练注重训练的形式而不注重内容，因为内容是会忘掉的，其作用是暂时的，而只有通过这种形式的训练而达到的官能的发展才是永久的，才能迁移到其他的知识学习，会终生受用。形式训练说认为，迁移是无条件的、自动发生的。

二、共同要素说

1903年，美国杰出的教育心理学家桑代克以大学生为测试对象，首先训练大学生对平行四边形的面积进行估计，然后对他们进行两种测验。结果表明，被试者对矩形面积的判断成绩提高了，但对三角形、圆形和不规则图形的判断成绩并没有提高。据此，他认为两种学习之间只具有相同因素时，才会发生迁移。例

如，由于骑自行车与骑摩托车在协调和操作方式上有相同因素，所以迁移就容易发生。相同要素也即相同的刺激与反应的联结，刺激相似而且反应也相似时，两情境的迁移才能发生，相同联结越多，迁移越大，后来相同要素被改为共同要素，即认为两情境中有共同成分时可以产生迁移。迁移是非常具体的，并且是有条件的，需要有共同的要素。

三、经验类化理论

经验类化理论又称“概括化理论”，是由贾德提出来的。这个理论认为，只要一个人对他的经验进行了概括，就可以完成从一个情境到另一个情境的迁移。贾德在 1908 年所做的“水下打靶”实验，是经验类化理论的经典实验。他将五年级和六年级的小学生分成两组，要他们练习用标枪投中水下的靶子。在实验前，对一组讲授了光学折射原理，另一组不讲授，只能从尝试中获得一些经验。在开始投掷练习时，靶子置于水下 1.2 英寸处。结果，讲授过和未讲授过折射原理的学生，其成绩相同。这是由于在开始测验中，所有学生都必须学会运用标枪，理论的说明不能代替练习。当把水下 1.2 英寸处的靶子移到水下 4 英寸时，两组的差异就明显地表现出来。未讲授折射原理一组的学生不能运用水下 1.2 英寸的投掷经验以改进靶子位于水下 4 英寸处的投掷练习，错误持续发生。而学过折射原理的学生，则能迅速适应水下 4 英寸的学习情境，学得快，投得准。

对此，贾德是这样解释的：理论曾把有关的全部经验，包括水外的、深水的和浅水的经验，组成了整个的思想体系，学生在理论知识的背景上，理解了实际情况以后，就能利用概括了的经验，去迅速地解决需要按实际情况作分析和调整的新问题。

四、关系转换理论

著名心理学家苛勒在 1919 年所做的“小鸡（幼儿）觅食”实验是关系转换说的经典实验。他让小鸡在深、浅不同的两种灰色的纸下面寻找食物。通过条件反射学习，小鸡学会了只有从深灰色纸下才能获得食物奖赏。然后，变换实验情境，保留原来的深灰色纸，用黑色纸取代浅灰色纸。现在的问题是：如果小鸡仍

然到深灰色纸下面寻找食物，那就证明迁移是由于相同要素的作用；如果小鸡是到两张纸中颜色更深的那张（即黑色纸）下面寻找食物，那就证明迁移是对关系做出的反应。实验表明：小鸡对新刺激（黑色纸）的反应为70%，对原来的阳性刺激（深灰色纸）的反应是30%；而幼儿在做同样的实验时始终对黑色纸的刺激做出反应。

他认为这结果证明是情景中的关系对迁移起了作用，而不是其中的相同要素，被试选择的不是刺激的绝对性质而是比较其相对关系（把在前一种情景中学会的关系即“食物总是在颜色较深的纸下面”迁移到后一种情景中，从而做出了正确的反应）。

苛勒通过实验证明迁移产生的实质是个体对事物间的关系的理解。即迁移的产生依赖于两个条件：一是两种学习之间存在有一定的关系；二是学习者对这一关系的理解和顿悟。其中后者比前者重要。习得的经验能否迁移，取决于个体能否理解各个要素之间形成的整体关系，能否理解原理与实际事物之间的关系，即对情境中一切关系的理解和顿悟是获得一般迁移的最根本要素和真正手段。苛勒认为，人们越能发现事物之间关系，则越能加以概括、推广，迁移越普遍。与前几个迁移理论不同，关系转换说更加强调学习者个体的作用。

学习要点二　创业指导的基本模式

一、咨询指导模式

这种模式重视了解创业者的个人成长发展史和创业史，重视对其诊断和个案分析。在整个指导过程中，注意与被指导对象的合作，注意根据被指导对象的需要提供信息和援助。必要时，便直接向被指导对象提出指导建议。一般把咨询指导模式的过程分为六个步骤：

1. 分析

通过主观和客观的方法，搜集和分析被指导对象的态度、兴趣、家庭背景、学历和能力倾向等。

2. 综合

运用个案研究法来整理、概括得到的资料，突出被指导对象的主要特点。

3. 诊断

将被指导对象的个人情况与创业因素进行对比，找出存在的问题。

4. 预见

以诊断结果为基础进行预测，帮助被指导对象选择行动方案或调整创业计划。

5. 磋商

向被指导对象解答有关的各种问题，以帮助其了解自身，了解创业准则等。就被指导对象怎样达到自己的目标，共同进行商量。

6. 重复

当新问题出现时，重复上述五个步骤。

二、被指导对象中心指导模式

该指导模式的假设前提为：被指导对象如果能够得到最大的心理满足，他们就可以自己解决创业中所遇到的问题，便不会把所有的问题带到创业指导人员这里来。此种模式特别强调在指导过程中双方能相互理解、相互接受，要求形成一种和谐的交往气氛，主动向被指导对象提供创业信息的必要性不大。因而在进行职业咨询时，应遵循如下原则：一是只有被指导对象主动提出要求时，才向他们提供创业信息；二是创业指导人员不能用创业信息来操纵和影响被指导对象做决定，但应鼓励他们从各种出版物、其他创业人员那里获得创业信息，以便增加其责任感和发挥其创造精神；三是在指导过程中，允许被指导对象抒发对创业的感受，并针对这些感受进行“治疗性”开导。总的来说，此模式重视的是被指导对象当时的情绪，当时提出的问题，不重视其他有关情况的了解，不重视诊断和提出具体建议。此模式整个指导过程没有一定程序，往往会成为一种较简单的双方交谈、讨论的过程。

三、心理动力指导模式

这种模式以心理分析理论为基础，着重分析被指导对象的心理动机、需要和潜在的创业欲望，强调创业指导人员要找出被指导对象做出决策的根源，即他们是根据哪些内在动机来做决定的，而不仅仅分析一般的兴趣、态度等因素。待找到这种内在根源后，再用各种手段进行测试与诊断，了解他们的各种素质特性。在要求个体及其资源禀赋与创业高度一致的前提下，建议被指导对象应如何创业。

四、发展指导模式

这种模式要求创业指导人员根据被指导对象过去和现在的创业表现，以及这些表现将意味着什么，即从发展的角度预测被指导对象将来可以采取何种行动去开展下一步的创业等。该模式认为，人既有理性，又有情感。创业指导人员要为被指导对象提供表现这两个方面的机会。比如，可以向他们提出“我认为自己是什么类型的人”“我的价值观和需要是什么”“满足我的价值观、需要、兴趣等出路是什么”之类的问题。再让他们回答这些问题。等其充分表现后，才对他们进行引导和帮助。

五、行为主义指导模式

这种模式看重被指导对象的反应敏感性，学习心理，注重分析他们对环境的反应，以此来确定他们的意向和强项，进而了解和分析被指导对象的行为弱点。然后，再建议他们在行为上应怎样扬长避短，还应掌握哪些知识技能及相关资源，并引导被指导对象自己去解决创业过程中遇到的问题，以帮助他们去实现创业目标。

六、折中主义指导模式

在实施创业指导的过程中应采用何种模式，运用哪些方式、方法，应根据具体情况，取各模式之所长，以便让创业指导产生更好的效果。因此，该模式主张创业指导人员除了要与被指导对象建立良好的合作关系，让被指导对象探究自身、评价自己所遇到的问题等之外，还应给予其他方面的帮助和引导。而要做到这一点，多方面了解被指导对象，进行诊断、预测和提出建议等，均不可缺少。

学习要点三　指导的一般原理和模式在创业指导中的应用

一、创业需求指导

对有创业愿望、报名参加创业培训的人员进行创业能力和创业心理测评，筛选出有创业潜质的被指导对象进行创业指导。

二、后续服务支持

建立被指导对象档案，对其创业实践进行全程跟踪。通过跟踪服务切实了解和掌握创业过程中遇到的问题，并予以针对性的指导。为创业成功人员建档，根据其意愿，为其改善经营管理状况，提高经济效益和经营稳定率服务。

三、创业成果展示

建立创业成功人员档案，搭建创业成功人员与初创办企业人员交流平台，不定期组织创业成果展示活动。采取现场观摩、介绍创业经历、经营技巧、制作展牌等方法，达到相互交流、共同发展的目的。

四、小额贷款指导

提供小额贷款政策指导，受理小额贷款申报手续。

五、创业孵化指导

创业孵化的功能是为创业者提供良好的创业环境和条件，帮助创业者把发明和成果尽快形成商品进入市场，提供综合服务，帮助新兴的小企业迅速长大形成规模，为社会培养成功的企业和企业家。创业指导人员在创业孵化中的作用主要是：

1. 详细了解被指导对象在创业阶段遇到的问题及创业需求等。

2. 根据创业实际情况，推荐被指导对象接受预孵化、创业孵化或加速孵化服务。

3. 与被指导对象明确孵化管理规定，签订孵化协议。

4. 对创业孵化情况进行跟踪管理。

5. 对孵化效果进行评估，提供进一步的孵化服务或引导孵化成功地被指导对象走出孵化基地（园）。

六、创业沙盘演练指导

创业沙盘演练是一种体悟式的课程，可以让被指导对象在模拟的实际情境中体验创业，其中创业指导人员的作用十分独特，他不再单单是讲解者，而在不同阶段扮演着不同的角色：调动者、观察家、引导者、教练员、分析评论员、业务顾问。

1. 调动者

为了让被指导对象能充分投入，在模拟操作过程中加深体验，创业指导人员在沙盘演练中担任多个角色，为被指导对象创造逼真的模拟环境。如：代表客户洽谈供货合同；代表银行提供各项贷款服务；代表政府发布各项经营政策等。

2. 观察家

在演练过程中，创业指导人员通过观察被指导对象在模拟过程中的表现，判断哪些知识是被指导对象最欠缺的，并根据被指导对象的特点选择最有利于其快速吸收并应用的指导方法。

3. 引导者

由于沙盘演练中一半以上时间是被指导对象在进行模拟操作，大多数被指导对象都会把模拟过程与实际创业联系起来，并且会把创业中的一些经验方法、思维方式展现出来。创业指导人员主要引导被指导对象就他们的观点畅所欲言，刺激被指导对象进行更深入的思考，找出自身思维中的盲点，使观点变得更趋完整，达到取长补短和不断进步的效果。

4. 教练员

被指导对象在创业指导人员的组织下进行小组讨论，创业指导人员将更多地作为“教练”而不是“传道授业解惑”的教师。因为在整个演练中发挥主观能动性、起着主导作用的是被指导对象，创业指导人员只是对其进行理念引导、技术指导、纪律训导，成绩要靠被指导对象取得。换言之，创业指导人员并不能代行被指导对象的日常管理责任，而是协助被指导对象去实施演练。

思考与练习

1. 请简述指导的一般原理和模式都包括哪些内容?
2. 请简述指导的一般原理和模式在创业指导中有哪些应用?

模块二　创业指导人员基础职业能力

CHUANGYE ZHIDAO RENYUAN JICHU ZHIYE NENGLI

创业指导人员的工作主要是通过其所掌握创业指导的一般原理、方法和工具，并且根据自身积累的创业知识与工作经验，帮助被指导对象有效实施创业的一种创业服务活动。创业指导人员在提供指导服务的过程中，为了有效地帮助被指导对象学会自己解决创业过程中遇到的问题，往往需要与被指导对象进行耐心细致地沟通，并且建立良好的合作伙伴关系。创业指导人员只有与被指导对象进行充分的了解与互动，才有可能帮助被指导对象找到解决问题的最佳路径，从而形成最佳的指导意见与指导方案。同时，创业指导人员在提供指导服务的过程中，也需要借助同行的帮助与提携，因为有效的创业指导工作更需要创业指导人员的群体智慧。创业指导人员同行之间的相互尊重与团结协作，会更好地维护行业的职业道德，提高创业指导人员的职业信誉。因此，是否具备良好的沟通能力、学习能力、文案能力、解决问题能力和人际关系能力等基础职业能力，是创业指导人员能否有效地提供创业指导服务的基础。创业指导人员只有具备并且不断提升自己的基础职业能力，才能更有效地实现创业指导工作的目标。

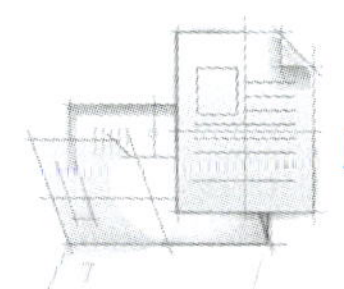

导入案例

李老师是一位创业培训讲师，曾经有过自己创业的经历。几年的创业培训工作下来，积累了一些培训经验。李老师一直以自己的创业经历为荣，很不屑和没有创业经历的其他创业指导人员交流与合作。每次遇到同行总喜欢批驳对方的观点。李老师认为自己的创业经历与培训经验会帮助自己做好创业指导的工作。可是在最近几次接受的创业培训指导工作中，李老师感觉到了极大的压力，很多被指导对象不接受他的指导服务，一位被指导对象甚至说李老师自以为是、不懂管理。事情是这样的：经营海鲜店的顾先生近来发现顾客越来越少，他很着急，找到李老师寻求解决问题的办法。李老师听了简单的介绍后，就给出了自己的判断：企业出问题的主要原因是顾先生不会当老板，不懂管理。顾先生一听就生气了，指着李老师大声说："我要是懂管理还需要来问你？你懂管理怎么不自己当老板呀？"李老师也急了，辩驳说："我当过老板，所以有发言权。"顾先生反驳道："你当过老板就什么都懂呀，你那点老本管用吗！"李老师气的无言以对。后来，李老师的一位同事接待顾先生，指导的结果让顾先生很满意，还送来一面锦旗。李老师很困惑：一直感觉自己的能力比同事强呀，为什么那些来寻求指导帮助的学员不接受自己呢？

案例启示

对于创业指导人员来说，具有企业管理经验和专业知识固然重要，但是，在创业指导过程中，创业指导人员具备的基础职业能力却是至关重要的。创业指导人员要想有效地对被指导对象提供创业指导服务，须具备沟通能力、学习能力、解决问题能力等基础职业能力。如果创业指导人员缺少这些基础的职业能力，将会在创业指导的过程中走弯路，影响创业指导的效果，进而影响自己职业生涯的发展。

第一单元　沟通能力

学习要点一　沟通能力概述

一、沟通能力

沟通就是为达到一定目的，将信息、思想和情感在个人或群体间进行传递与交流的过程。

创业指导人员的沟通能力是指创业指导人员能够按照预期的目标，将信息进行有效地传递，并得到预期的效果。

1. 沟通的过程

在沟通的过程中，一般有以下几个沟通环节（见图 2—1）。

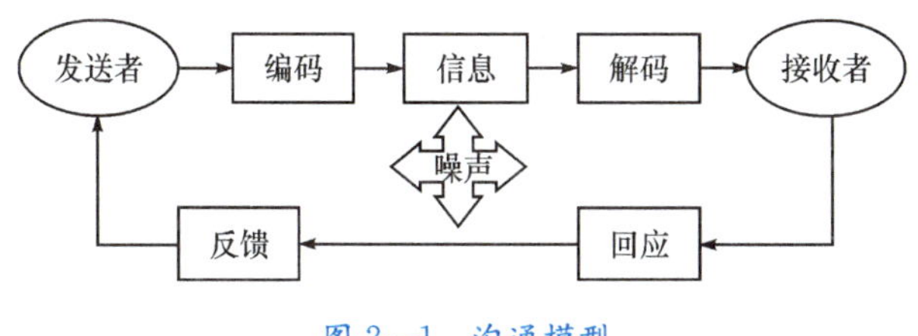

图 2—1　沟通模型

从上图中可以看出，信息沟通可以分为六个环节：

（1）信息

指能够传递并能被接收者的感觉器官所接收的刺激。信息可以是观念、思想和情感。

（2）发送者

即信息的来源。

（3）编码

指信息发送者将信息转化为可以传递的某种信号形式，即传递中信息存在的形式。

(4) 沟通通道

即信息沟通的渠道或媒介物。

(5) 接收者

即接受信息的人。

(6) 解码

指接收者将接收到的信号翻译成可以理解的形式，即接收者对信息的理解和解释。

(7) 反馈和回应

若接收者对收到的信息有什么异议或不理解，可以返回到发送者那里，进行核实或修正。

(8) 噪声

即对信息各种形式的干扰。这些干扰，有的是外界信号的窜入，有的则产生于沟通过程本身。

因此，可以这样描述信息沟通过程：发送者（信息源）首先将要传递的信息转化为某种可传递的信号形式（编码），然后通过媒介物（沟通通道）传递至接收者，最后由接受者对收到的信号进行解释、理解（解码）。从中可以看出，每一次信息沟通至少包括三个基本要素：发送者、要传递的信息和信息接受者，而编码、沟通通道和解码是沟通取得成效的关键环节。通过信息沟通模型可以看出，创业指导人员在与被指导对象的沟通过程中，先要明确沟通的目标，然后需要对沟通的信息进行编码，即创业指导人员要找出被指导对象可以接受的信息传递方式（包括沟通时选用的语言、语速、语调及非语言表达等）来传递信息，同时，在传递的过程中要尽量避免噪声的干扰。创业指导人员需要时刻关注被指导对象的反应，及时收集反馈信息，并根据被指导对象的反馈信息适当地调整沟通的方式，才可能实现真正的沟通效果。

2. 创业指导人员有效沟通的原则

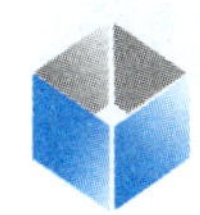

案例

韩先生开了一家制鞋厂，开业四年以来，生意一直不错。可是最近，韩先生发现他的订单少了，原来，曾经在他工厂工作了三年的一位员工，辞职后自己创办了一家同等规模的制鞋厂，还抢去了韩先生的一些订单，这让韩先生很是恼火，他找到一位创业指导人员来寻求帮助。这位创业指导人员很想帮助韩先生，想更多地了解一些详细的情况，在听韩先生描述问题时不断提醒：要客观描述，要尽量发现自己的问题。韩先生终于按捺不住自己的情绪，很生气地说："我是来寻求帮助的，你怎么帮着我的竞争对手说话呀?"说完后就气愤地离开。这位创业指导人员很是不解：我明明想要好好来帮助他，可是他为什么闹情绪?

对于创业指导人员来说，在和被指导对象沟通的过程中，无论是口头交谈还是采用书面交流形式，都要力求准确地表达自己的意思。为此，要了解被指导对象的文化水平、经验和接受能力，根据对方的具体情况来确定自己表达的方式和用词等；选择准确的词汇、语气、标点符号；注意逻辑性和条理性，对重要的地方要加上强调性的说明，借助于手势、动作、表情等来帮助思想和感情上的沟通，以加深对方的理解。

创业指导人员的有效沟通原则主要包括以下几方面：

(1) 了解沟通对象，明确沟通的目标。

(2) 具备科学的思维，管制信息流。

(3) 选择恰当的沟通渠道与方式方法。

(4) 选用合适的沟通语言，讲究语言艺术。

3. 影响创业指导人员沟通的障碍性因素

在现实生活与工作中，创业指导人员的人际沟通往往存在诸多障碍，只有认清影响沟通效果的障碍并采取积极的措施来应对，创业指导人员才能实现有效的沟通。现实生活中影响创业指导人员人际沟通的主要障碍性因素分析见表 2—1。

表 2—1　影响创业指导人员沟通的障碍性因素分析

障碍因素	原因分析
语言障碍	语言障碍是人们相互之间难以沟通的原因之一。对于创业指导人员来说，在和同行或顾客沟通的过程中，即使双方使用的是同一语言，有时也会因一词多义或双方理解力的不同而产生误解
理解障碍	由于一个人的知觉程度受多种因素的影响，人们对同一事物会有不同的理解。有时候对于同一问题或者是同一种说法，不同的人基于不同的出发点或者是不同的立场来看就会有不同的理解。在创业指导的过程中，创业指导人员与被指导对象双方之间出现理解障碍或者是误会时，往往是信息不对称或者是角度不同引起的。特别是，当人们面对某一信息时，是按照自己的价值观、兴趣、爱好来选择、组织和理解这一信息的含义的，一旦理解不一致，信息沟通就会受阻，甚至会产生矛盾和争执
信息含糊或混乱	信息含糊或混乱则是指对同一事物有多种不同的信息。例如，在与创业者沟通的过程中，多个信息源发生的信息有可能会相互矛盾；沟通对象也许会一会儿说这样，一会儿又说那样；或者言行不一，所有这些，都会使信息的接收者不知所措、无所适从
环境干扰	环境干扰是导致人际沟通受阻的重要原因之一。嘈杂的环境会使信息接收者难以全面、准确地接受信息发送者所发出的信息。创业指导人员在实际的指导过程中，如交谈时相互之间的距离、所处的场合、当时的情绪、电话等媒介的质量等都会对双方信息的传递产生影响。环境的干扰往往造成信息在传递途中的损失和遗漏，甚至歪曲变形，从而造成错误的不完整的信息传递
其他因素	还有其他一些影响信息有效沟通的因素，如成见、偏见、聆听的习惯、气氛等都会影响人际沟通。创业指导人员或被指导对象在人际沟通和人际交往中一旦存在成见或偏见，那么沟通的双方就不能以正确的观点和态度去进行有效的交往，不能敞开心扉进行沟通，那么从这个层面来讲，指导就失去了价值

二、沟通能力重要特征

对于创业指导人员来说，良好的沟通能力应该体现在以下方面：

1. 准确表达自己的观点，理解沟通对象表达的内容。
2. 有效解决冲突，主动协调团队行动。
3. 与同行及顾客建立良好的关系。

4. 有效倾听和良好的决策能力。

5. 创业指导人员个人的身心健康。

学习要点二　沟通能力的提升

创业指导人员在实际指导工作的过程中，沟通对象主要包括被指导对象、同行和领导等。由于被指导对象从事的行业领域各不相同，同时被指导对象的个人知识、背景也存在着差异性，创业指导人员就需要根据具体的情况，掌握必要的沟通技巧，实现有效的沟通。创业指导人员的沟通能力对创业指导工作的效果有着重要作用。因此，创业指导人员需要通过以下几个方面提升自己的沟通能力。

一、创业指导人员倾听能力的提升

创业指导人员在与被指导对象交流过程中，获取的信息主要通过两条途径来接收：一是眼读，二是耳听。在与被指导对象的双向沟通过程中，有效倾听不仅是影响信息接收效果的重要因素，也是影响发送效果的重要因素。因此，对于创业指导人员来说，学会倾听，掌握倾听的艺术是至关重要的。在实际工作中，创业指导人员一方面要学会有效倾听的技巧，另一方面就是要克服不良的倾听习惯。

1. 影响创业指导人员倾听效果的因素

影响创业指导人员倾听效果的因素有很多方面，在这里，主要从主观原因和客观原因两个方面进行分析，具体分析见表 2—2。

表 2—2　影响创业指导人员倾听效果的因素分析

影响因素	原因分析
主观原因	1. 创业指导人员只关注自我观点的表述 2. 创业指导人员忽视被指导对象的表达需求 3. 创业指导人员按自己希望的信息需求影响被指导对象的谈话内容 4. 创业指导人员终止对方的谈话思路
客观原因	1. 交谈环境对谈话氛围的影响 2. 外界噪声对交谈内容的干扰

2. 创业指导人员如何学会积极倾听

在面对面的沟通过程中，听别人讲话，有主动倾听和被动倾听两种。倾听就是凝神聆听，边听边搜索信息，而单纯地听就是被动的听。倾听之所以重要，是由于倾听时双方都在思考，促进了信息的理解和接受。在口头沟通，尤其是面对面的沟通中，积极倾听非常重要。创业指导人员要想实现与被指导对象交流过程中的有效倾听，就要选择好谈话的地点，创造合适的谈话氛围，时间应该尽量充裕，交谈使用礼貌用语，控制好自己的情绪。例如，创业指导人员提供创业计划指导服务时，就要鼓励被指导对象充分说明拟创办企业的动机、创业团队选择的标准等信息。创业指导人员在倾听的过程中要精力集中，注意捕捉关键信息，才会在指导的过程中给予被指导对象有价值的指导建议。创业指导人员良好的倾听能力，主要体现在以下几方面。

(1) 与说话人进行目光接触，保持精神集中，鼓舞说话者。

(2) 使用赞许性的点头和恰当的面部表情传递倾听信息。

(3) 恰当提问，保证理解准确，避免分心的举动或手势。

(4) 要有耐心，不打断说话者。

(5) 做笔记并适当地询问和恰当地使用复述。

小贴士

美国心理学家戴维斯提出了有效倾听的十项因素，它们是：

1. 少讲多听，多保持沉默，不要打断对方讲话。
2. 设法使交谈轻松，消除讲话人拘谨的不良情绪。
3. 表示出对谈话的兴趣，不要漫不经心，态度冷漠。
4. 尽可能排除噪声等干扰。
5. 能站在对方的角度考虑问题，表现出对对方的同情心。
6. 要保持绝对的耐性，不要随便插话。
7. 控制情绪，保持冷静。
8. 避免与对方争论或妄加批评。
9. 适当提出问题，体现对问题的关注和求得了解。
10. 切记：少讲多听。

二、创业指导人员表达能力的提升

1. 创业指导人员口头表达能力的提升

创业指导人员的口头表达技巧可以帮助创业指导人员与被指导对象在面对面交流过程中能够有效获取信息，保持持续和谐融洽的交谈，并能保证沟通的顺畅。例如，创业指导人员在指导被指导对象利用创业指导的工具解决实际问题时，表达要准确清晰，语言亲和自然，随时关注被指导对象的反应，才会帮助被指导对象学会分析方法并解决问题。口头表达具有即时性、随意性、反馈及时、不易修改等特点，口头表达的技巧主要体现在以下几个方面：

（1）做好沟通之前的准备。

（2）沟通目的明确，营造沟通氛围。

（3）语音温和清晰，语速快慢适当。

（4）认真倾听，态度真诚友好。

（5）语言停顿准确及时，逻辑结构严谨。

（6）通过非语言表达增强沟通效果。

（7）学会适当的赞美。

2. 创业指导人员书面表达能力的提升

书面表达具有准备时间较长、可反复修改、规范精确简练、反馈不及时等特点。书面表达的原则应体现在沟通文书的完整性、沟通语言的简洁性、沟通信息的准确性、沟通内容的具体性、沟通观点的包容性等方面。在创业指导的过程中，创业指导人员的书面表达能力体现在：能够准确表达创业指导人员希望准确传递的信息，帮助被指导对象更加准确地理解创业指导人员的表达目的，同时具有较强的文案能力（文案能力的提升见模块二第三单元）。创业指导人员的书面表达技巧包括以下几个方面。

（1）表达目的明确，突出重点内容。

（2）书面语言友善，语气恰当。

（3）合理安排书面表达格式。

（4）条理清晰、便于阅读。

三、创业指导人员说服和动员能力的提升

1. 创业指导人员与上级沟通的技巧

作为创业指导人员来说，与上级领导的沟通有利于领导更多地了解创业指导工作的实质，从而帮助其解决在工作中遇到的问题，继而获得工作支持或协同合作的支持。创业指导人员与上级沟通应注意以下原则：尊重上级，及时请示汇报创业指导工作；按时完成上级指派的工作任务。在与上级沟通时要了解上级的个性与工作作风，恰当提出自己的建议，换位思考，工作顾全大局，必要时说“不”。

2. 创业指导人员与同行沟通的技巧

创业指导人员在与同行沟通时，要充分体现尊重第一、平等互惠的原则。要明确沟通的目标，学会站在对方立场来换位思考，把握气氛时机，选用最适合双方的沟通方式，讲究语言艺术，如有误会，诚心诚意化解，实现互帮互助。创业指导人员与同行的沟通技巧与注意事项见表2—3。

表2—3　创业指导人员与同行沟通技巧及注意事项

分析项目	具体内容
沟通技巧	1. 灵活自如地表达观点 2. 微笑、赞美常挂嘴边 3. 礼让、避免争论 4. 与同行保持联络
注意事项	1. 切忌背后讲同行闲话，揭露个人隐私 2. 不公开质疑同行的能力 3. 不必承担与己无关的责任 4. 应区分同行与朋友的不同

3. 创业指导人员与被指导对象沟通的技巧

创业指导人员只有通过有效的沟通，才能发现被指导对象的需求，进而为被指导对象提供优质高效的服务。要保证有效的沟通，创业指导人员则需努力提升与客户沟通的水平。创业指导人员与被指导对象沟通技巧与注意事项见表2—4。

表 2—4　创业指导人员与被指导对象沟通技巧与注意事项

分析项目	具体内容
沟通技巧	创业指导人员与客户沟通要把握好三个环节，即了解被指导对象、触动被指导对象、维系被指导对象。要做到： 1. 通过倾听与提问来了解被指导对象 2. 适当的赞美与关怀被指导对象 3. 维系良好的信任关系
注意事项	1. 选择好谈话的地点 2. 创造合适的谈话氛围 3. 时间应该尽量充裕 4. 交谈使用礼貌用语 5. 控制好自己的情绪 6. 给予客户选择的机会 7. 对被指导对象的想法表示理解

思考与练习

1. 你认为在与被指导对象的沟通过程中，要具备哪些沟通技巧？
2. 你认为在沟通的过程中，如何才能实现有效的倾听？
3. 你对自己的沟通能力满意吗？你准备如何提升自己的沟通能力？
4. 影响创业指导人员沟通的障碍性因素有哪些？

第二单元　学习能力

学习要点一　学习能力概述

一、学习与学习能力

学习是通过教授或体验而获得知识、技术、态度或价值的过程，从而导致可度量的、稳定的行为变化，更准确地说，是建立新的精神结构或审视过去的精神结构。

学习能力是把知识资源转化为知识资本的能力。学习能力主要体现在以下几个方面：

1. 知识总量

即个人学习内容的宽广程度和组织与个人的开放程度。

2. 学习流量

即学习的速度及吸纳和扩充知识的能力。

3. 知识质量

即学习者的综合素质、学习效率和学习品质。

4. 知识增量

即学习成果的创新程度以及学习者把知识转化为价值的程度。

创业指导人员的自主学习更加强调在指导实践过程中的行为变化。创业指导人员的职业领域将面临来自被指导对象的各种类型不同层面的问题，如何与时俱进，根据政策、经济环境的动态变化，及时更新知识结构，不断提升指导的效果，非常重要。因此，创业指导人员的学习能力的本质是在创业指导行业中竞争力的体现。

二、学习能力重要特征

成人学习是通过学习改变由经验形成的行为方式。所以，学习能力直接影响创业指导人员运用知识转化为创业指导行为的效果。研究表明，不同年龄人群学习能力的差异主要在于知觉、注意力控制等因素。成人的学习具有的特点是：

自我导向性学习；尊重个人经验、强调实用性的学习；注重不断改进认知策略；学习动机性强。

创业指导人员要善于结合成人学习的特点，培养自我学习的习惯，同时，要通过学习过程的设计，提高学习效果的针对性和实用性。加强自主学习的能力、主动将知识进行有需求的转化，创造性地运用至工作生活中。

学习能力的重要特征如下：

1. 自主性

是指个体自觉、自愿地去学习，而不是被迫去学习。

2. 能动性

是个体积极富有创造性地去学习，而不是对知识、信息简单地吸收。同时还要会消化，要善于转化成个体所需要的物质和精神能量。

3. 创造性

学习的最终目的是推陈出新、吐故纳新、融会贯通，是为了创新和创造，而不是“死读书，读死书，读书死”。

学习要点二　学习能力的提升

创业指导人员在工作过程中，经常因为以下因素增加指导工作的难度：创业者从事的行业领域的多样化，创业企业所涉及的政策领域的多样性，创业者知识与经验背景的多样性，创业环境的复杂性等。所以，创业指导人员需要常态化的高效学习，在这里，创业指导人员需要重视“学习的方法、学习的过程、学习的控制”对学习效果的影响，通过对这三方面科学的认知提升创业指导人员的学习能力。

一、学习的方法

学习方法并没有统一的标准，总体来说，创业指导人员要根据“提升学习的目标性、管理时间的有效性、拓展思维的发散性”等因素选择适合的学习方法，最终达到提高学习效果的目的。以下介绍几种常见的学习方法（见表2—5）。

表2—5　学习方法列表及说明

学习方法	说明
复述法	复述是对知识进行多次重复，保持记忆的方法。在运用复述法进行学习的时候，及时是第一要素。在复述过程中，要采取多种感官并用的方法，让多种感官协同记忆，能提高记忆效果。例如，在解读新政学习中，创业指导人员可以通过边看、边读、边写的方式快速提炼整个文件的关键点之间的互相支撑关系，重点捕捉政策释放的关键信号，亦能够增强政策要点的记忆效果
组织法	组织法是在学习中，把分散的、孤立的知识形成一个相互联系的知识体系的方法，具体的方法有“纲要法”“图表法”“概念图法”等。例如，创业是一项复杂的实践活动，涉及经济、政策和环境等因素，并互相影响，创业指导人员需要在学习活动中把看似分散的知识和信息进行有机的整理联系，才能让知识具有指导“实践行为改变的力量”
图表法	图表法是利用表格、流程图等方式来整理知识的方法。例如，创业指导人员可以把企业经营过程中的若干环节通过一张图表展示，创业指导人员可以根据图示明确所掌握的知识能给予创业者哪些有价值的分享，另外，绘制图表也是对于新知识的汲取方向及应用的思维加工过程
求异思维法	求异思维是从某一点出发，运用全部信息进行发散性联想，发现多种解决问题的途径，寻求问题丰富多彩的答案，提高解决问题的能力。创业指导过程中，创业指导人员需要帮助创业者建立解决问题的思维方法，辅助创业者寻找解决问题的若干可能的方法，所以，创业指导人员学习过程中需要重视求异思维的训练

续表

学习方法	说明
媒体反馈法	在科技发达的现代社会，新媒体也是学习反馈的一大重要工具，网络资源、电视专题资源、甚至还有新兴的移动网络资源都是学习反馈的好工具。例如，创业者来自各种行业领域，创业指导人员在短时间内掌握行业的关键信息很重要，可以利用网络搜索到的资源把有关联性的知识进行链接，提高创业指导人员学习联系的能力，强化学习的深度

学习方法决定了学习的效果，同时，也进一步反射出学习能力的高低。我国古代第一本教育专著《学记》，就指出："善学者，师逸而功倍。"这"善学"二字实际上就是科学的学习方法。

科学的学习方法必须关注两个方面：学习目标与学习计划（见表 2—6）。一定要明确知道学习目标是什么，然后制订合适的、科学的学习计划。目标是行动的导航，行动如果没有目标，就不可能会得到明确的收获、无法切实将学习成果用到实处，确定明确的行动目标是行动获得成功的重要前提。计划是目标的行动指南，是有效的过程控制工具。

表 2—6　学习目标与学习计划

项目	学习目标	学习计划
定义	学习目标是指"在学习中，学习者所设定的希望达到的学习结果和标准"	学习计划是学习目标的分解与量化，让目标更为具体，指导和管理具体的学习过程
作用	学习目标具有导向、启动、激励、凝聚、调控、制约等心理作用	学习计划可以帮助创业指导人员培养自我管理能力，实现被动学习向主动学习的转化
注意事项	明确学习目标的依据，确定学习目标的原则	掌握制订学习计划的方法，清楚制订学习计划的要求

二、学习的过程

学习能力的应用即是高效学习的过程，在这个过程中主要有以下几个关键步骤（见图 2—2）。

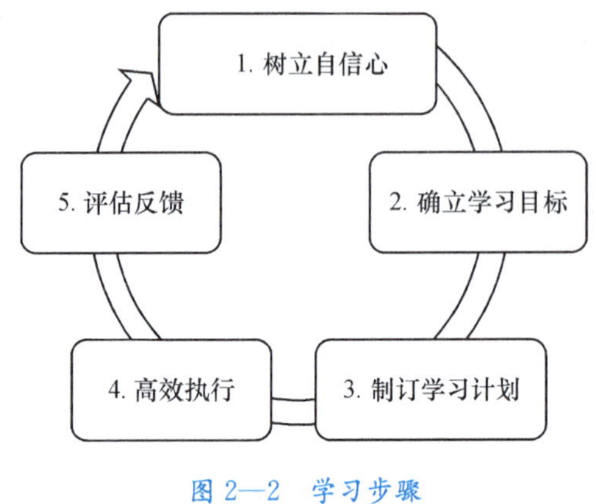

图 2—2　学习步骤

1. 树立自信心

学习是学习者能力提升的一次挑战，学习过程的投入和学习结果的产出，学习者或相关者会给予不同程度的期望，高效、科学的学习过程始于学习者的较佳的学习状态。

创业指导人员在各种主题内容的学习过程中，应该站在创业者的需求角度衡量所学知识的应用性，因此，创业指导人员的学习并非单纯的知识累积，具有较强的应用性，这也是创业指导人员学习的动力和信心所在。

小贴士

一位击剑运动员在比赛中遇到一位曾经两次击败自己的选手，缺乏信心，担心会失败。心理学家为他反复播放一段讲话，告诉他，那名古巴选手一见到他就害怕的理由。这位选手听了几十次，越听越觉得有道理，便从害怕的情绪中解脱出来，最终战胜了对手，夺得了冠军。

进行积极的自我激励，久而久之，就会相信自己的力量了。

2. 确立学习目标

(1) 确立学习目标的依据

成年人的学习，具有较强的目的性。真实的学习需求才能创造实用的学习目标，实践也证明以实际需求为依据的学习，得到的效果更好。

创业指导人员在学习前一定要明确为什么学习，学习满足自己哪些需求，要

达到什么样的效果，落实到创业指导工作中实现什么样的目的。

（2）明确出学习目标

学习目标是学习的指南，明确地标出学习目标才能够有条不紊地进行下一步的学习。制定学习目标时，要做到：明确具体、定性定量、大小适中，互有联系。

例如，创业指导人员为实现自身创业知识体系的系统化，可根据创业企业的发展阶段的不同，制订分层次的创业知识体系学习补充。因为创业学的领域较为宽广，所以在制订学习目标时要将目标细化，在分解目标时不可贪大求全，适度够用为宜；确定学习目标时应当充分考虑该目标与其他相关目标的相互关系，不可顾此失彼。

3. 制订学习计划

学习计划的制订主要应考虑三方面的问题：计划的基本内容，计划的基本形式，计划制订的基本程序。

学习计划的基本内容是指确定学习的具体任务、选择学习的措施方法、安排学习时间及步骤，将三者联合，按章进行，学习的成果也会慢慢显现出来的。

学习计划根据学习任务要求，有多种形式，综合来说，学习计划主要有三种形式：文本式、条款式、表格式。

学习计划由于有大有小，所以制订的步骤也不同。一般制订大计划的步骤较复杂，而制订具体（小）计划的步骤较简单。

（1）制订较大计划的一般步骤

第一步：情况分析，包括你的理想与目标，你的长处与不足，对自己有利的条件和不利的条件等。这是制订学习计划的前提条件。

第二步：确定学习任务与内容，并进行时间安排，使两方面的情况相平衡，即任务量不能超出时间的可能性。

第三步：制订完成学习任务的条件、策略、方法和具体措施。

（2）制订较具体（小）计划的一般步骤

第一步：分析学习任务与学习材料，包括数量多少、难度大小、材料性质等。

第二步：分析自身条件，包括你的学习特点、学习风格，是否具备与学习材料相关的旧有知识或经验等。

第三步：制订相应的学习策略，包括时间安排、效率预期、结果预期、程序设定（学习程序和方式的确定）、资源管理（辅助手段和工具的选择，可以寻求的帮助和指导）等。

小贴士

制订学习计划的基本要求

1. 符合自身的实际情况。
2. 目标任务的确定要从实际出发，切实可行。
3. 学习内容的确定要具体，尽可能量化。
4. 学习任务的安排，既要考虑全面周到，又要保证重点。
5. 时间的安排要科学合理。
6. 长计划与短安排相结合。
7. 寻求支持、请人指导。
8. 注重行动。

4. 高效执行

（1）确定任务的优先权

确定学习任务优先权的两个步骤：一是列出任务清单；二是确定任务的次序。例如，创业指导人员李老师罗列了文案知识方面的学习任务清单，见表2—7。

表2—7　学习任务清单

掌握应用文写作技巧，学会基本的商务文书格式
掌握归纳推理和演绎推理的概念和应用
能够熟练撰写创业指导跟踪服务报告
学习农民增收及创业扶持相关政策 ……

确定任务优先顺序，在本模块导入案例中，李老师可以将学习任务按紧急、不紧急、重要、不重要分为四大类，通常人们每天习惯于应付很多紧急且重要的事，然后做一些看起来不太重要的事，结果却不知道自己整天忙什么，时间管理

的“紧急一重要二分法”如图 2—3 所示。作为创业指导人员要做那些重要但是看起来不紧急的事。例如，李老师学习任务中“掌握归纳推理和演绎推理的概念和应用，能够熟练撰写创业指导跟踪服务报告”若不优先去做，则可能直接影响创业指导工作预期的成果目标。

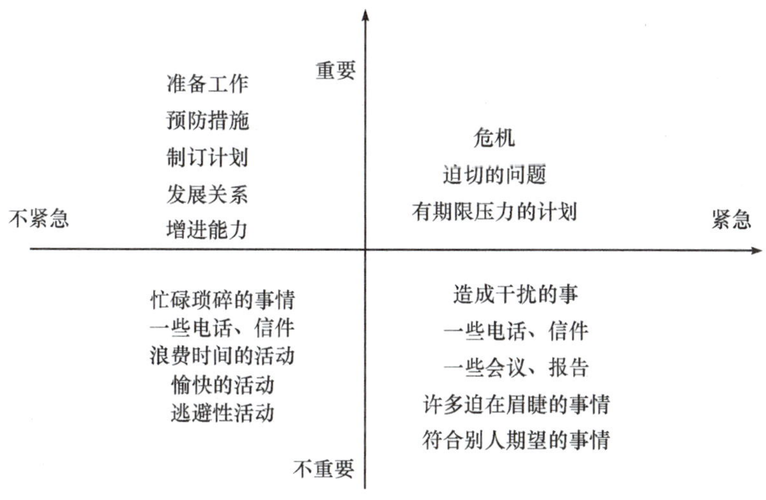

图 2—3　时间管理的“紧急—重要二分法”图解

(2) 学会做时间规划

时间规划是按照任务的顺序，合理地安排时间，以使各项任务得到顺利完成的关键环节。上文中的学习计划已包含了时间规划。做一份好的规划要注意以下几个方面，见表 2—8。

1) 确定任务目标。

2) 设计行动计划。

3) 设定检视点。

表 2—8　学习任务时间规划

时间	任务及其目标	工作节点（检视点）
8 月 1 日—3 日	任务：完成应用文写作书籍的阅读，并拟写一份商务函 目标：掌握应用文写作基本格式	8 月 3 日 12：00

(3) 对不重要的事情说“不”

人的精力和时间是有限的，如果什么都想做，结果就会什么都做不好，创业指导人员应该学会有所为和有所不为，简言之，就是不要把注意力放在不重要的事情上，对不重要的事情说“不”。

(4) 改变拖延的习惯

拖延的常见原因是个人生活习惯，或者是拖延者认为工作太重、时间太少，因此无法完成工作。解决的方法就是把任务分解成小块，这样工作就能容易很多，同时，也能充分利用大量零碎时间。此外，还要注意学习和工作的黄金时间，把工作和学习的主要任务放在黄金时间段内完成，不仅能够提高效率，还能保证学习的效果。所谓的黄金时间就是人的身体和精神状况以及外部环境都处于最佳状态的时间。

(5) 做好“时间日志”

所谓时间日志，就是把某一短时间内所有的活动详细记录下来，并进行简单的分析，以随时了解个人的时间管理情况。

5. 评估反馈

创业指导人员善于总结分析自己在学习中的经验与得失，不仅会提高学习的效率，也能在学习中做到举一反三。

学习评估包括以下四点：

(1) 自我评估总结，展示自己的学习结果，自述自己的学习方式和成功经验。

(2) 分析原因现状，通过行动要点的审核或考试自述实现目标。

(3) 运用学习结果，分析影响学习效果的因素。

(4) 不断改进学习方法，证明学习的知识在工作或生活中得到应用，进而提出有利于提高工作质量的学习方式。

三、学习的控制

1. 学习控制的重要作用

衡量学习能力的另一标准就是学习者的控制能力。控制能力包含了学习者的时间管理能力，学习效果管理能力，对外界诱惑的自我控制能力等。控制能力在调控学习活动、管理学习方法、调整学习目标等方面都有重要的影响。

创业指导人员控制能力的提升能够帮助其他能力和素质的塑造（如忍耐力、主动性、独立性等），帮助提升个人的潜在能力，提高整体职业素养，培养良好的生活习惯和工作习惯，创造成功的机会。

创业指导过程中可以关注的事情很多，相对的，诱惑也多，如果没有控制能力，即使是再明确的目标，再好的执行计划，对于创业指导人员的学习成长来讲都是空话。

2. 学习控制的主要内容

学习者控制主要涵盖两方面：一是把握学习内外条件，二是反思评价学习效果。

学习的外在条件主要指学习场所、学习时间、学习材料等环境因素。学习的内在条件主要指学习动机、学习习惯、学习方式等学习者依靠自身方面的因素。

反思评价学习效果是指通过评价，学习者才能把握学习的过程。通过反思，学习者才能获得发展。反思与评价一直贯穿于具体的学习活动中，对自主学习起支配作用。由于学习者的反思，才能有效地调整已有的学习计划与步骤，以适应后续的学习活动。

3. 提升学习控制

（1）创业指导人员一定要掌控自己的思想

所谓掌控自己的思想是指要明确知道自己要什么，不能要什么，只有明确自己的目标，了解自己的约束，才能够在可移动的空间里，自我提升。

（2）创业指导人员要遵循自己的学习目标

制定学习目标，坚持去执行，杜绝外来的诱惑，保持自我约束，提高自律能力。

（3）创业指导人员要善于制定学习时间表，并按计划去分解目标并执行

（4）创业指导人员要加强时间规划

规定完成学习任务的时间结点，再制订相应的计划。在学习的方法中，强化学习的决心，最好的方法是制定一个学习目标执行纲要。

（5）创业指导人员应更加注重反馈、自我纠正

只有在一遍遍反馈和自我纠正中，才能发现成长的机会，改正学习方法，加

强工作效率，提升指导效果。

(6) 创业指导需要持之以恒，永不懈怠

关于学习计划，再好的方法，也需要持之以恒地执行，才能够有好的效果，谋求更好的事业发展，因此，坚持不懈是必需的要素。

思考与练习

1. 作为创业指导人员适宜的学习方法是哪些?

2. 在学习计划的制订中，最难的步骤是哪个? 为什么?

3. 创业指导工作中需要学习的内容有很多，哪些知识的应用环节存在难度?

第三单元　文案能力

学习要点一　文案能力概述

书面文字能力历来是考察人的思维能力和考验人德、才的最有效的手段之一。书面沟通可以较为全面、较为逻辑和理性地阐述想要表达的观点、建议和方法，实现语言沟通所无法达到的效果。

一、文案能力

文案是指企事业单位中从事文字工作的人以文字来表现已经制定的方针和策略。文案能力是运用文字将自己的实践经验和决策思想系统化、科学化、条理化表达的一种能力。

1. 文案的特点

文案主要有两大分类：一是规范性文案（公文），二是非规范性文案。在创业指导服务过程中，文案的应用要把握这样几个特点：主题的职能性、材料的可靠性、结构的逻辑性、表述的简明性以及格式的规范性。

2. 文案的要求

（1）准确规范、点明主题

准确规范是文案中最基本的要求。要实现对主题的有效表现和对信息的有效传播，首先，要求文案中语言表达规范完整，避免语法错误或表达残缺；其次，文案中所使用的语言要准确无误，避免产生歧义或误解；最后，文案中的语言要符合语言表达习惯，不可生搬硬套，更不可使用自己创造众所不知的词汇。

（2）简明精炼、言简意赅

文案在文字语言的使用上，要简明扼要、精炼概括。首先，要以尽可能少的语言和文字表达出来，实现有效的信息传播；其次，简明精炼的文案有助于吸引人们的注意力；第三，要尽量使用简短的句子，以防止读者因繁长语句所带来的反感。

(3) 适当地生动形象、表明主题

文案中的生动形象能够吸引人的注意，激发人的兴趣。国外研究资料表明：文字、图像能引起人们注意的百分比分别是22%和78%；能够唤起记忆的百分比文字是65%，图像是35%。这就要求在进行文案创作时采用生动活泼、新颖独特的语言的同时，辅助一定的图像来配合。

二、文案能力关键要素

在创业指导工作中，创业指导人员必须具备信息处理的能力，能够面对众多的信息实施有效筛选，并对信息分析，挖掘信息潜在的作用，实现信息增值。文案是实现信息传递和沟通的重要工具，创业指导人员文案能力应该在逻辑思维能力和文字写作能力重点体现。创业指导工作中涉及的文案应该简洁明晰，层次分明的表述主题，最终达到理想的效果。

1. 逻辑思维能力

逻辑思维能力是采用科学的逻辑方法，准确而有条理地表达自己思维过程的能力。创业指导人员根据被指导对象的需求运用正确的逻辑形式，遵循逻辑规律和规则，是指导工作正确思维必要条件。

(1) 有助于认识规律

创业指导人员能否基于现象、问题推出真实的规律，不仅决定于推理的前提是否真实，而且决定于推理的形式是否正确。学习和掌握逻辑推理的知识，既有助于创业指导人员在感性认识基础上获得理性认识，也有助于创业指导人员根据已有的知识、实践认识推出新的规律认识。

(2) 有助于传播规律

在创业服务各个环节中，创业指导人员为了使讲话或文章具有说服力，所用概念须准确，判断须恰当，推理须符合逻辑。尤其是面向被指导对象的工作中，创业指导人员通过论证和表达某种正确的理论、观点，使被指导对象理解和接受，实现传播真实规律的价值。

(3) 有助于指导实践

创业实践活动是在各种经验的指导下进行的。为了规避创业实践活动的风险，创业者需要制订创业计划或行动方案，在实践中参考实施。创业计划和行动方案的科学性、目的性、可行性，需要经过创业规律的逻辑论证。最重要的是创业计划和行动方案在实践中不论是成功还是失败，都需要及时总结，创业指导人员或创业者在此过程中需要概括出具有普遍意义的经验或教训来，以指导新的创业实践活动。因此，掌握基本的逻辑论证方法，能有效保障创业指导工作的顺利进行，减少或避免被指导对象创业实践活动的失误。

2. 写作能力

写作能力是对知识与经验的积累进行选择、提取、加工、改造的能力。知识与经验的积累越厚实，写作就越有基础。写作可分为两大类：文学创作与实用写作。应用文是社会交往与活动过程中所形成的具有社会法定效力和规范体式的文书，是依法行政和进行公务活动、社会活动的一种重要工具。

创业指导服务工作根据工作环境的不同会涉及多种文案形式，例如，在公共就业创业服务机构管理平台内，创业指导人员会涉及撰写创业管理职能的各种公文，另外，还会涉及撰写创业指导需求分析报告、创业指导服务方案、创业指导跟踪服务报告等。创业指导应用文写作的作用与特点见表 2—9。

表 2—9 创业指导应用文写作的作用与特点

应用文写作的作用	公关交际作用：促进业务的开展，协调各方的联系，树立专业化的服务形象，促进创业服务的发展 宣传示范作用：在政策指导下，通过服务过程信息的收集整理，通过多种渠道实现先进经验的推广和示范 沟通联系作用：工作环境内部高效沟通，工作各单位之间的信息交流、经验交流互相促进发展 凭证资料作用：在创业服务过程中，应用文也是开展工作，解决、处理问题的依据和凭证

续表

应用文写作的特点	实用性：应用文的写作主要是为了解决实际问题，是“有事而发，无事不发” 针对性：应用文的写作有明确、直接的对象 真实性：应用文写作必须讲究真实、客观，实事求是地反映问题 程式性：应用文的写作有其特定、惯用的格式，如公文有公文的格式，经济合同有经济合同的格式等 平实性：平实是应用文写作的基本风格，语言也讲究务实，就是语言要简洁、朴实、明白、准确、规范，便于理解、执行

学习要点二　文案能力的提升

一、逻辑思维能力提升

创业指导人员常用的两种科学的推理方法是归纳推理和演绎推理。所谓归纳推理就是从若干零散的现象中推出一个一般规律，也就是从若干特殊现象中总结出一般规律，是从特殊到一般。例如，创业指导人员李明在与接触到的创业准备期的创业者们沟通后，发现创业者都会遇到创业融资的困惑，所以，李明认为创业准备期的创业者们都会存在创业融资的问题。归纳推理时所考察的对象必须是同类的，必须是研究范围内的。

所谓演绎推理，就是把归纳推理得到的一般规律，再应用到现实中去，去推测其他没被考察过的同类对象的性质特点。它是从一般到特殊。例如，创业指导人员李明认为创业准备期的创业者们都会存在创业融资的问题，所以，当李明面对一个新的服务群体时，有人向李明咨询，有个大学生 A 正在创业准备期，李明认为大学生 A 需要提供创业融资的辅导服务。演绎推理所推测的事物，必须不是原来在归纳推理时考察过的，否则就是循环论证，没有任何意义。

由上文对归纳推理和演绎推理的解释也可以看出来，它们虽然是科学研究的两种方法，但是它们不是独立的，而是关系密切的，是科学研究中先后次序确定

的、不可分割的两个阶段。

首先，是先有归纳推理，然后才能有演绎推理，没有归纳推理推出来的一般规律，演绎推理就无法进行，所以它们的先后次序是确定下来的。而且，如果只有归纳推理，没有演绎推理，那么归纳推理得到的一般规律就得不到应用，它将没有任何意义；如果没有归纳推理，那么就不可能有演绎推理，所以它们不可分割，不能缺少任何一个，谁也离不开谁。

其次，归纳推理得到的一般规律并不一定正确，还需要由演绎推理来验证。例如，上面说创业指导人员李明得到一个结论，就是“创业准备期的创业者们都会存在创业融资的问题”。可是，有一天，李明面对创业准备期的大学生 B 时，发现他并不存在创业融资的困惑，而是行业信息的获得渠道问题。于是，李明进行第二次归纳推理，得到这样一个规律：多数创业准备期的创业者们都会存在创业融资的问题，而这个规律是否正确还要在演绎推理中进行验证。所以，科学研究的过程就是这样：归纳，演绎，再归纳，再演绎，螺旋上升，使理论越来越发展。所以说，归纳推理和演绎推理联系密切，缺一不可。

二、应用文写作能力提升

1. 写作基础的积累

以下四个方面的写作基础积累对写作能力的提升很重要：

(1) 材料的积累：材料是写作之源，写作材料主要来源于社会生活。创业指导人员需关注社会现象，扩大生活领域，捕捉生活热点，多思考，多积累。

(2) 语言的积累：语言是文章的基石，要有意识地积累语言，如富有表现力的字词句，赋有启发的言语等，创业指导人员都要主动发现并记录，只有这样积沙成塔，集腋成裘，才能建立属于自己的语言词典。

(3) 情感的积累：文字能透过其表面将作者的情感传达至阅读者的心中。创业指导人员只有将自己的情感体验付诸于写作，所写文案才能恰到好处地表情达意。

(4) 精妙写法的积累：创业指导人员通过熟读、多读优秀的文案作品，就能学到写作的方法和技巧，积累多了，用于写作实践，必能提高写作水平。

2. 制订应用文写作能力提升计划

在实施创业指导工作过程中，高效的文案能力可以帮助创业指导人员实现预期的工作目标，在能力建设上，创业指导人员可以在“知识储备、写作训练”方面制订常态提升计划，不断提升应用文写作能力的训练。

（1）知识储备提升计划

知识储备指的是创业指导工作中需要的创业知识的积累。创业知识积累的程度是提升创业指导人员各类文案能力的基本条件，只有足够的知识积累才能够写出有说服力、前瞻性的文案。因此，创业指导人员制订学习计划，提升知识储备很重要。

1）制订专题性学习计划。所谓专题性学习计划就是指给自己定一个主题，以时间为界限（如一个月或一周），在此时间范围内，学习相关主题的内容，保证创业知识的广度和增加深度分析，同时要将学习感想和书中的重点内容记录下来以便日后参考。

2）增加创业服务实践活动。创业知识的储备不一定只是依靠创业指导人员学习获得的，他人的经验也是值得借鉴的知识。自古有“读万卷书，不如行万里路”的说法，每个人可能不一定能够行万里路，但是可以借鉴行万里路的人的经验，这也是迅速提高知识储备的重要方式之一。例如，创业指导人员可以增加与创业者各种交流的活动，重视与各类专业人士的研讨交流，积极地与来自不同地域的同行分享交流等。

（2）写作训练计划

写作能力的提升是别人没有办法直接提供帮助的，只有加强自我训练才能够有明显的提升。因此，创业指导人员需要保证写作的数量，巩固语感，保持思维的灵敏性，提升写作的速度与质量。这里说的写作训练是指指导工作中的应用文写作。制订计划要注意以下两点：一是要涉及所有常用的应用文体，不要仅在一种文体上琢磨训练，这样实用性不高；二是保持一篇一评的态度，写一篇文章避免应付任务的态度，要回顾自己写过的文章，根据现有的范文，来查漏补缺，才能够有显著的能力提升。

思考与练习

1. 工作中涉及的主要文案写作是哪些？写作过程的困惑是什么？
2. 请制作一份面向创业者开展创业指导服务的指导需求调研问卷。
3. 在创业指导跟踪服务报告中应该涵盖的重要内容是哪些？

第四单元　解决问题能力

学习要点一　解决问题能力概述

一、解决问题能力的概念

所谓问题是指实际情况与现有目标（标准或期望）之间的差距。解决问题是一个包括对问题的界定与定义、问题分析、制订解决问题方案、监督方案实施和评价反馈等在内的连续的过程，其主要目的是减少实际与目标之间的差距，保证目标的实现。

解决问题能力是创业指导人员在实际创业指导工作过程中，发现问题、分析问题以及处理问题的具体能力体现。

1. 解决问题能力要素

创业指导工作具有极强的时效性，创业指导人员只有具备极强的解决问题能力，才能够面对被指导对象的指导需求，及时、准确、有效地发现问题，通过客观的分析判断，让被指导对象在寻求创业指导服务的过程中获得有价值的帮助。创业指导人员解决问题能力要素主要包括以下几个方面：

(1) 目标关注能力

在创业指导过程中，被指导对象遇到的问题往往是其实际情况与现有目标（标准或期望）之间存在着的差距。如果创业指导人员希望能够有效地解决问题，首先就需要迅速准确地确定解决问题的目标，并且由始至终地关注目标。只有关注目标，才不会让创业指导人员为了完成任务而工作，即只关注工作本身，而忽略任务的真正目的，从而影响创业指导工作的效果，影响创业指导目标的真正实现。

(2) 分析判断能力

分析判断力能够帮助创业指导人员在竞争日益激烈的社会大环境下，在复杂多变的市场环境中，正确地选择科学的分析方法，客观地寻找问题产生的原因，判断未来可能发生的对于事业有所阻碍的事情，进而帮助企业寻求适宜的、合理的问题解决方案。

（3）系统思考能力

系统思考能力，是创业指导人员在面对任何问题的时候，都要学会善于从整体上进行考虑，而不仅仅就事论事。任何问题的产生都有其复杂的原因，要能够从全局的角度看待局部出现的问题，从大局出发，避免绝对化地看问题，拥有开阔的思维，不固守成功经验，只有这样，制订的问题解决方案才有实施的空间。

（4）有效沟通能力

创业指导人员在解决创业者遇到的问题时，有效沟通是解决问题的关键，具备较强的沟通能力是解决问题的前提。美国著名企业家卡内基先生曾指出，一个人事业的成功因素，只有 15%是由他的专业技术决定的，而另外的 85%则要靠人际关系。在这个人际关系复杂的社会，要想使自己成功就应该强化自身的沟通能力。甚至有的企业家称：企业中 99%的问题都是沟通造成的（创业指导人员沟通能力提升见模块二第一单元）。

2. 影响创业指导人员解决问题能力的因素

创业指导人员的解决问题能力要受到敬业精神、专业素质、时间管理、自我激励、人际交往等诸多因素的影响。在这里分析影响创业指导人员有效解决问题的因素主要从两个方面进行，即客户原因和创业指导人员自身的原因。具体分析见表 2—10。

表 2—10　影响创业指导人员解决问题能力的原因分析

影响因素	原因分析
客户原因	1. 固守自己的习惯与价值观 2. 客户只想快速赚钱，不想通过学习改变自己 3. 客户的企业问题严重，指导有难度 4. 客户在执行解决方案时，理解不透，缺少变通

续表

影响因素	原因分析
创业指导人员原因	1. 对客户存在的问题了解不深，无的放矢 2. 创业指导人员没有了解客户的真实感受 3. 指导方向不对，指导方法不当 4. 指导方式简单，缺少具体方案 5. 指导后没有及时反馈，缺少后续跟踪服务

二、解决问题能力重要特征

创业指导人员良好的解决问题能力，主要体现在以下几个方面：

1. 遇到问题时情绪冷静，心态平和，能够客观接受问题的存在。
2. 熟悉解决问题的方法与途径，能够提出具有建设性的建议。
3. 有创新思维，思考方式系统科学，能够从不同的角度分析存在的问题。
4. 在处理危机时保持清醒，并能够转危为机。

学习要点二　解决问题能力的提升

创业指导人员在实际指导工作中，需要思考的问题是：代替被指导对象解决问题，还是指导其学会解决问题？如果被指导对象过于依赖创业指导人员的帮助来解决企业的问题，被指导对象就不能学会自己解决问题，这是治标不治本。即使在创业指导人员的帮助下，暂时解决了被指导对象的一些问题，如果被指导对象在以后的企业运营过程中依然不能及时发现问题，独立思考并解决问题，依然需要依靠创业指导人员帮助解决企业遇到的问题，或者，继续用以前的管理方式去管理企业，那就不能真正解决企业在运营过程中存在的问题。被指导对象过分依赖创业指导人员，会丧失了自己的思考能力、分析能力及解决问题能力。创业指导人员的作用是帮助被指导对象学会管理自己的企业，而不是代替被指导对象管理企业。因此，创业指导人员在向被指导对象提供创业指导服务的过程中，要遵循解决问题的步骤来完成创业指导服务。

一、解决问题的步骤

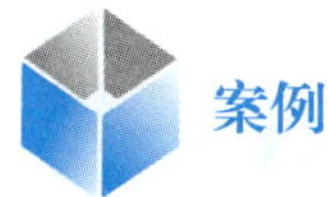

案例

张老板参加过创业培训，最近，他遇到了一件难事找到创业指导人员来寻求帮助。张老板开了一家木器加工厂，经营效益很好，可是最近出了一件事情让他很烦恼。原来，近几个月来，该厂连续发生几起原材料失窃事件，于是，张老板重申了规章制度并把“盗窃者一律开除”告示张贴到工厂大门口。上个月，保安从维修工小李的提包里查出一架台灯。经审查，证实是从一台报废的机床上拆下来的，前几起盗窃案与他无关。张老板还是很生气，没想到平时看着老实的小李也不老实了，第二天就张贴了开除小李的告示。没想到的是，全厂几十名员工联名求情，提出去年下暴雨，仓库进水，休班在家的小李主动到厂，奋力抢救，避免了十几万元的损失，为此还扭伤了胳膊。事后，张老板只是提出了表扬，并报销了医药费，除此之外，没有其他的奖励，这次不应该开除他。甚至有员工表示要跳槽，说张老板没有人情味，张老板不知道该怎么办好了。他希望创业指导人员提供给他解决问题的方案。创业指导人员给出的建议是：这个问题只能由老板自己来解决，因为这是你自己的企业。张老板对这个答案很不满意，双方有了争议。

对于创业指导人员来说，解决被指导对象遇到的问题时，应该遵循以下步骤(见图 2—4)。

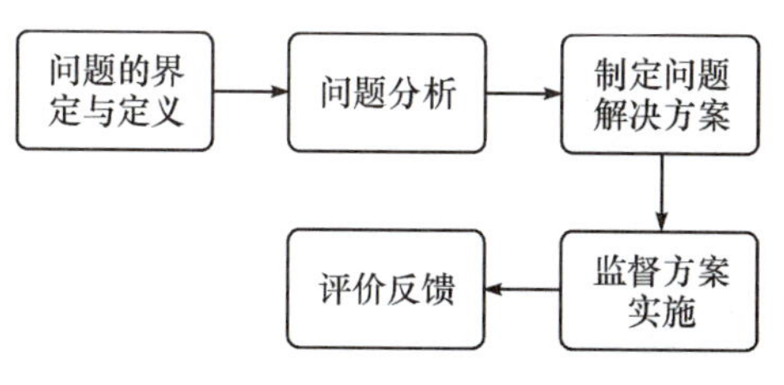

图 2—4　解决问题流程

对于创业指导人员来说，解决问题时涉及各个步骤及其操作要领（见表2—11）。

表2—11　解决问题的步骤及操作要领

步骤	操作要领
问题界定与定义	1. 确定当前状况，应详细地描述问题，或把问题尽可能地分解描述，定出优先顺序 2. 清楚定义在实际情况与标准/目标之间的差距，证实差距 3. 明确预期要达到的目标
问题分析	1. 问题寻因 （1）确认问题产生的地方 （2）确认检查标准 （3）收集和组织资料 （4）收集信息与数据 （5）规划解决问题的过程 2. 原因分析 （1）确认过程中涉及的相关者 （2）确认统计工具与分析方法 （3）明确问题间的因果关系 （4）开发可选择的解决方案
制定问题解决方案	1. 对方案进行评估，找出最佳方案 2. 确定关键因素，明确创业指导人员的角色和责任 3. 获取客户的认可和赞同
监督方案实施	1. 通知参与者计划的具体细节 2. 按计划实施方案 3. 监督方案实施过程中的完成情况 4. 根据情况对方案进行灵活调整 5. 跟踪验证
评价反馈	1. 收集反馈信息 2. 评价方案实施效果 3. 归档相关评价报告

特别说明：为了确保实施方案的有效性，创业指导人员就要在方案实施的过程中，连续、细致地记录跟踪的数据，同时通过对数据的归纳与分析来说明方案存在的问题及解决措施的有效性。记录的内容包括以下几个方面：

1. 记录实际情况，即原始数据。
2. 把最终结果与预期结果进行比较。
3. 适时调整方案，避免问题的重复再现。
4. 记录参与者的贡献及团队的有效合作。

二、提升解决问题能力的控制要点

创业指导人员在帮助被指导对象解决问题的过程中，要注重观念的改变和方法的运用。所谓观念就是对创业指导工作所持的观点、看法。方法，通俗地说是解决问题的具体办法，详细方案和采取的措施。对于创业指导人员来说，观念是思想层面上的，方法是行为方面的；观念是头脑中存在东西，方法是行为上要采取的措施。思想决定行为，观念决定行动，观念决定方法。创业指导人员有什么样的观念，就会采用什么样的方法来解决问题。创业指导人员的观念对行为有指导作用。

创业指导人员在实际工作中解决问题能力的应用，应该重点关注影响解决问题能力的关键控制点，具体内容分析见表 2—12。

表 2—12　提升解决问题能力的要点分析

控制要点	要点分析
及时发现问题能力	1. 在提出问题时有清晰的思路 2. 准确理解、界定与问题相关的各种因素 3. 明确解决问题的具体目标
客观分析问题能力	1. 考虑问题的起因、结果、本质及各种可能性 2. 采取不同的方式跟踪事态发展 3. 寻求他人解决此类问题的经验 4. 制订解决问题工作计划
有效解决问题能力	1. 理解、掌握解决问题的目标 2. 检查、监督解决问题方案的进程 3. 跟踪事态发展的结果，提出改进方案

三、系统思考能力的提升

系统思考是着眼于整体的一种思考方式，系统思考是一个架构，通过它可以帮助创业指导人员在指导的过程中看见相互关联而非单一的事件，看见整体发展变化的形态而非发展的一个片段。

1. 创业指导人员如何学习系统思考

创业指导人员学习系统思考有两个关键点：一是学会用系统的观点来思考问题；二是学会用动态的观点来分析问题。世界是复杂的、不断发展变化的，以往化繁为简、化整为零的解决问题方式，久而久之就会形成“见木不见林”的思考模式，这是只注意事物的表象而忽视事物的真实内涵，只注意事物的局部而忽视全局和整体的思考方法。系统的观点中的另一个重要原则是应该注意系统中各个局部之间的互动作用。系统内的局部不是孤立存在的，任意局部的变化，都会引起另一局部的变化。系统的观点并不是要求人们完全深入了解整个事物的全部，而是要求人们研究事物的主要机能是怎样互动且相互影响的。

系统思考是运用分析事物间的内部因果关系来处理复杂系统问题的一种思路与方法。系统思考的方法要“三会”，即会整体思考、会动态的思考、会本质的思考。创业指导人员系统思考的方法包括系统描述与评价整体的方法、结构分析方法、环境分析方法，因果分析方法等。

2. 创业指导人员系统分析的一般步骤（见图 2—5）。

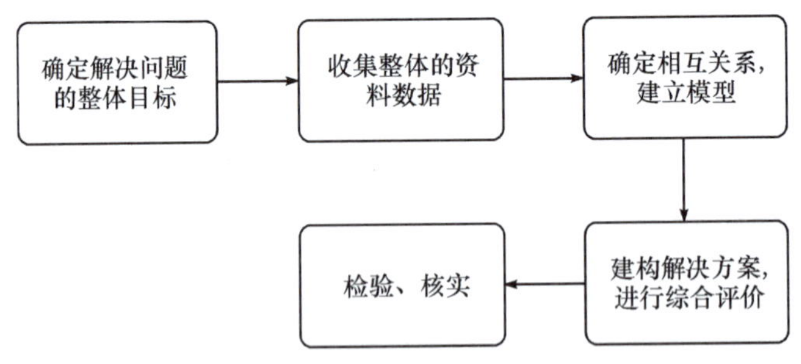

图 2—5　创业指导人员系统分析步骤流程

从系统分析步骤流程图中可以看出，对于创业指导人员来说，系统思考的核心问题是：

(1) 正确地提出问题并且清晰地表达问题。

(2) 准确地确定解决问题的目标，并实现目标。

(3) 制订问题解决方案，论证并选择最优方案。

(4) 对方案实施过程跟踪、控制，解决方案执行中的问题。

(5) 反馈、评价和评估指导效果。

系统思考能够帮助创业指导人员把看到的事物发展的片段组合成连贯的、结构性的“故事”，并且找出问题的症结及解决问题有效的对策。例如，创业指导人员在帮助被指导对象解决企业日常经营管理遇到的问题时，就需要通过系统的思考，从不同的角度对可能导致企业出现问题的方面进行分析，从而帮助被指导对象找到企业出现问题的症结，实现寻求指导的预期效果。

良好的解决问题能力是创业指导人员有效开展创业指导工作的基础。创业指导人员在平时的工作过程中，应该努力地去培养提升自己的解决问题能力。当遇到问题的时候，能够冷静分析问题，客观、灵活地制定问题解决方案，帮助客户处理问题，是创业指导人员职业能力的核心所在。

思考与练习

1. 解决问题的步骤是什么？在解决实际问题的过程中，最有难度的是哪个环节？

2. 创业指导人员学会系统思考的关键点是什么？

3. 如何提升自己解决问题的能力？

4. 影响创业指导人员解决问题能力的因素有哪些？

第五单元　人际关系能力

学习要点一　人际关系能力概述

一、人际关系的含义

人际关系是社会生活实践活动中，通过交往而形成的人与人之间的社会心理关系及其相应的社会行为。人际关系对个人的情绪、生活、工作具有重要的作用，更对组织氛围、沟通、运作、效率及个人与组织的关系有重要的影响。人际关系分类参见表 2—13。

表 2—13　人际关系分类

类型	解释说明
主从型	一方处于支配地位，另一方处于从属地位。这是人际关系类型中最基本的一种，几乎所有的人际关系都有主从性因素
合作型	双方有共同目标，为了达到这一目标，彼此能配合和容忍对方
竞争型	双方为实现各自的目标常常竭尽全力，因而充满活力；由于竞争时间长，又使人感到筋疲力尽
主从—竞争型	这是一种混合型的人际关系。双方相处中，有时是主从型、有时是竞争型的人际关系，这种变换使双方难以适应，往往无所适从。这是难以相处的人际关系
主从—合作型	这是一种互补与对称的混合型人际关系，双方在其中能和谐共处。如果其中合作因素超过主从因素，则关系更为融洽
竞争—合作型	双方在这种人际关系中，时而竞争，时而合作。为维持这种类型的人际关系，双方需要保持一定的心理距离，避免交往过频

续表

类型	解释说明
主从—合作—竞争型	这种混合型的人际关系兼有三者的特点，矛盾较多，双方易于陷入困境
无规则型	这种人际关系较为少见。特点是：双方关系毫无规则，不清楚要做什么

二、人际关系的作用

人际交往是个人社会化的起点和必经之路。创业是社会化程度很高的一项社会活动实践，创业者如果不能与其他相关者开展良好的合作，是无法完成创业实践过程的。创业指导人员在很大程度上是站在社会经济活动的视角下，帮助创业者梳理纷繁复杂的创业资源与信息，发现关键信息、机遇，扶助创业者走上一条成功之路。所以，创业指导人员的人际关系能力是开展创业指导工作的重要基础。

1. 人际交往促进自我定位

客观地认识和评价自己是每一个人都会面临的挑战。创业指导人员在人际交往中需要主动地寻找能够促进自己成长的那一面“镜子”。来自于被指导对象、工作伙伴、其他社会人士等的评价是正确的自我认识、全面提高综合素质的机遇，有助于创业指导人员找到创业者的社会位置，扮演好创业者的社会角色。

2. 人际交往拓展创新资源

社会发展动力来自于各阶层的创新实践。人际交往过程中所形成的各种各样的网络关系，为各种社会角色增加了创新实践的资源支撑。尤其是创业指导人员良好的、有规划的人际交往不仅能够帮助创业者快速成长，重要的是能集聚形成创业指导工作中的“智力之核”“信息之核”，为工作的创新增加了持续动力之源。

3. 人际交往实现更高的人生价值

人际交往是思想、情感、态度、信息和学习的交往，是沟通交流的桥梁。创业指导工作的人际交往更重要的是交流思想、分享经验、发现机会，在交往中，与志同道合的人通过交流与合作提高指导能力，帮助被指导对象实现的梦想，这样也更好地实现自我人生价值。

学习要点二　人际关系能力的提升

一、创业指导人员的自我情绪管理提升

良好的人际关系，始于优秀的自我管理。创业指导人员的职业规范与职业素养以及职业贡献，都要求创业指导人员具备优秀的自我管理能力。在人际交往中，情绪管理是十分重要的事情，它具备帮助说服他人，创造机会，建立稳定的合作关系等作用。情绪管理充分挖掘和培植个体和群体的情绪智商，培养驾驭情绪的能力，从而确保个体和群体保持良好的情绪状态，并由此产生良好的管理效果。情绪的管理方法见表 2—14。

表 2—14　情绪的管理方法

情绪管理方法	解释说明
陶冶性情	艺术类的活动都能给人发泄情绪的空间
增加锻炼	选择一项运动能够将坏情绪随着汗水挥洒出去
朋友倾诉	不要将情绪埋在心中，这不利于心理健康
长于书写	书写可以理清思绪，关键的时候起到自我激励的作用
舒适环境	营造舒适环境，从生理上舒缓紧张的神经，保持安定的情绪

小贴士

掌控自我减压的秘诀

1. 制定一个合理的目标。
2. 向朋友倾诉。
3. 将注意力转移到其他事情上。
4. 一分为二地看待问题。
5. 运动解压。
6. 保持幽默，微笑看待人生。

二、创业指导人员应对冲突的能力提升

1. 应变能力的提升

创业指导工作中会遇到各种问题，基于良好的人际关系的建立，创业指导人员必须要积极应对各种矛盾，化解各种危机。所以，良好的应变能力非常重要，应变能力主要表现在以下几个方面：

(1) 能在变化中产生应对的创意和策略。

(2) 能审时度势，随机应变。

(3) 在变动中辨明方向，持之以恒。

应变能力是无法直接看出来的，它只能在与人的交往中体现出来，提升应变能力也只能通过实践活动才能得以实现。提升应变能力的途径见表 2—15。

表 2—15 提升应变能力的途径

提升应变能力的途径	解释说明
参加赋有挑战性的活动	只有在活动中通过努力去解决问题和克服困难，才能真正地提升应变能力
扩大交往范围	只有首先学会应变各种各样的人，才能推而广之，应对各种复杂环境
提升素质	应变能力强的人往往能够在复杂的环境中沉着应战，而不是紧张和莽撞从事
改变不良习惯	遇事总是迟疑不决、优柔寡断，就要主动地锻炼自己分析问题的能力，迅速做出决策

2. 掌握应对冲突的方法

这里要谈到的是在团队中管理冲突的办法，因为即使是最真诚的人，也会与人发生冲突。托马斯—基尔曼模型如图 2—6 所示。

以下是关于托马斯—基尔曼模型的基本说明，见表 2—16。

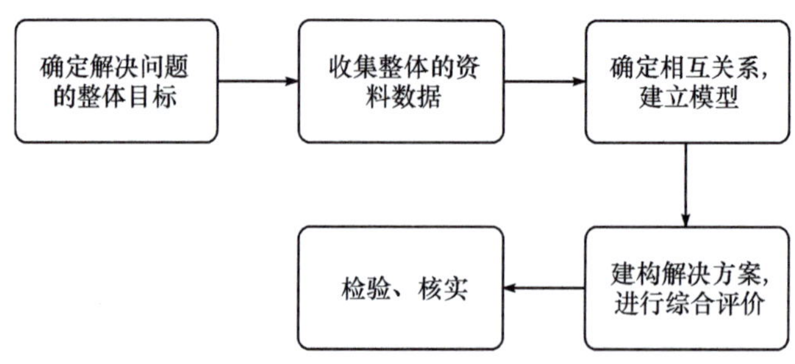

图 2—6　托马斯—基尔曼模型

表 2—16　托马斯—基尔曼模型的基本说明

内容	解释说明
竞争	这一冲突处理方式属于自信但不合作型。它是人际冲突中的“赢—输”处理模式
回避	这一冲突处理方式属于不自信且不合作型。人们运用这一方式来远离冲突，对不同意见者置之不理或保持中立
迁就	这一冲突处理方式属于合作但不自信型。迁就表明一种无私的行为，它是对他人愿望的一种服从，是一种与他人长期合作的策略
妥协	这一冲突处理方式属于基本合作和较自信型，它涉及谈判和让步。妥协在冲突处理中被广泛运用，与他人作出妥协的人往往得到好评
合作	这一冲突处理方式属于颇具合作且自信型。它是人际冲突中的“双赢”冲突处理模式。因此，合作风格表现出将冲突带来的积极作用增加到最大限度的愿望

创业指导人员需要在团队冲突的管理方法中，重视“合作”带来的人际关系建立的价值贡献。各种合作风格的特点与群体评价见表 2—17。

表 2—17　合作风格的特点与群体评价

合作风格个体的特点	群体绩效评价
他们将冲突视作自然现象，具有积极作用，如处理恰当，可以带来开创性的结果	是较成功的管理者
他们表现出相互间的信任和坦诚	是业绩出色的组织者

续表

合作风格个体的特点	群体绩效评价
他们期望每个人在解决冲突过程中扮演同样的角色，同时每个人的观点都同样合理	能够充分利用冲突带来的积极影响
他们不会仅为了局部利益而牺牲整体的利益	充分看到对方的长处，对自己的绩效及能力进行恰当的评价

小贴士

化解冲突的技巧

1. 协调沟通要及时、双向。
2. 控制情绪，冷静思考。
3. 善于倾听，合理疏导。
4. 开阔心胸，学会忍让。

三、创业指导人员和谐人际关系的建立

1. 关注他人

建立良好的人际关系的第一步是将注意力从自己身上移开，关注他人，才能建立长久、和谐的人际关系。一位优秀的创业指导人员要避免人际交往中的伤害，应该做到：真诚地做好力所能及的事；忘掉自己的利益，从群体或对方的角度考虑问题，解决各种矛盾和冲突。

2. 建立适合自己的关系网络

人际交往的根本任务就是建立属于自己的关系网络，创业指导人员应该根据自己的兴趣和发展方向，加入一些组织和社团，扩大交际的范围，向优秀的朋友取经，丰富自己的知识和阅历。另外，结交值得信赖的人，并定期更新自己的人际关系网络，调整相关的方向，保持良好的交往状态很重要。

3. 善于学习，提升自我素养

一个新的社交圈，往往会需要创业指导人员本身有新的知识储备，才能很好地和大家交流融洽，否则无法真正建立起人际关系网络。所以，创业指导人员必

要的知识储备是很重要的，必须时刻展开多方位的学习，增加知识储备，提升素养。

4. 保持积极的态度

人们总喜欢那些乐观、积极、可以给人带来欢乐的人。因此，在人际交往中，应该保持积极的心态，给人以希望，避免将消极的情绪带给他人。保持积极的心态需要做到：

(1) 思考问题要往乐观、积极的方面思考，不要总考虑负面的效果。

(2) 在情绪低落时，不要将负面的情绪在新结交的朋友面前表现出来。

(3) 多进行心理暗示，保持自信、乐观的心态，帮助塑造乐观的心理素质。

思考与练习

1. 你通常采用哪些方法缓解工作中的压力情绪？
2. 面对来自工作中的突发冲突，通常采取的处理问题的态度是什么？
3. 应对工作中与被指导对象的沟通冲突，可采取什么样的解决方法？
4. 在组织中，希望他人给予的组织中的角色评价是什么？

模块三　创业指导的方法和工具

CHUANGYE ZHIDAO DE FANGFA HE GONGJU

从根本上讲，创业指导工作是创业指导人员对创业者实施的一种管理与组织行为，需根据创业者、创业阶段、创业项目的不同，结合其特点，有针对性地开展。创业指导方法的理论依据主要是美国组织行为学家保罗·赫塞博士（Paul Hersey）在出版的《管理与组织行为》一书中全面阐述的情境领导模式。赫塞认为：只有以不同的领导风格配合部属的不同发展阶段，才能高效达成目标，这种方法称为情境领导。这其实也是我国著名教育家孔子所讲的“因材施教”。因此，在情景领导理论框架下，创业指导方法的选择主要有以下三种情况：

1. 对于不同的创业者采取不同的指导方法。
2. 对于相同的创业者，依其所在创业阶段的不同采取不同的指导方法。
3. 对于相同的创业者，依其创业项目的不同采取不同的指导方法。

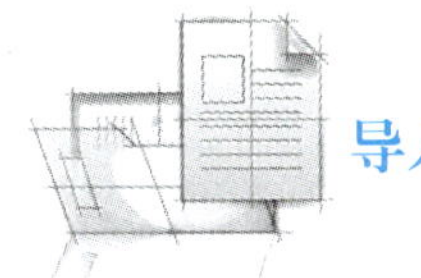

导入案例

小张曾患有小儿麻痹症，技校毕业后，家人都担心她今后的路该如何走。经过深思熟虑，要强的小张决定自己当老板。但她对创业又有很多顾虑，于是找到某创业指导服务机构的李老师寻求指导，李老师向她了解了情况后，鼓励她创业，做到自食其力，并帮助她选择适合自己的创业项目：学校到现在还没有照相和冲洗服务，而附近也没有照相馆，于是就在学校门口开了一家照相馆。

身患残疾的小张，选择了自己创业这条路，将自己的劳动贡献给社会，既给许多人带来了方便，也给自己带来了富足和快乐。

小张能够创业成功，令人深思！看来在许多情况下，不是你是否能够创业，而是你是否敢于创业，这也是创业者的一个基本素质。

案例启示

创业指导人员对这样的创业者进行指导，需要分析她的创业动机、创业阶段、创业项目等情况，找出主要矛盾即创业中存在的主要问题，然后选择合适的指导方法。本案例中，小张属于比较典型的有创业顾虑且缺乏创业能力的创业状态，因此，对其进行指导的重点是鼓励其创业，并介绍国家的创业政策，同时提供必要的帮助和指导。

第一单元　创业指导的主要方法

学习要点一　创业者的状态类型及指导需求

创业指导的效能取决于创业者接纳创业指导人员的程度。无论创业指导人员的指导风格如何、指导行为如何，其效果最终是由创业者的现实行为决定的。创业指导人员所处的情境是随着创业者的工作能力和意愿水平而变化的。对创业者状态类型进行划分的主要依据是其创业准备度，即个体对自己的直接行为负责的能力和意愿，它包括两个要素：

要素一：工作准备度，包括一个人的知识和技能。工作准备度高的创业者得到良好的教育和培训，拥有足够的知识和能力，经验丰富，能够不需要他人指导而独立完成工作任务。

要素二：心理准备度，指一个人做某事的意愿和动机。心理准备度高的创业者自信心强，工作积极主动。他们不需要太多的外部激励，而主要靠内部动机的激励。

根据创业者工作准备度和心理准备度的不同组合，可以将创业者的状态分为四种类型：

第一类型为：没能力，没意愿；

第二类型为：没能力，有意愿；

第三类型为：有能力，没意愿；

第四类型为：有能力，有意愿。

这四种类型实际上是反映了一个创业者从不成熟到成熟的成长过程。以下逐一进行介绍：

一、创业者的状态类型 1

创业者的状态类型 1 见表 3—1。

表 3—1 创业者的状态类型 1

高度	中度		低度
			低能力 低意愿
			D1

已发展　　　　　　　　　　　　　　　　　　　　发展中

当创业者对某项目标或任务的达成处于 D1 状态时的特点：

1. 没有经验的包袱。
2. 有新观点、新看法。
3. 投入度高。
4. 成见低。
5. 愿意自我挑战。
6. 喜欢学习。

在状态 D1 时创业者的需求：

1. 肯定他对任务或目标的热忱，加速灌输他有关创业的技巧。
2. 理清目标。
3. 制订完善的创业计划。
4. 有关任务及组织的相关信息。
5. 实务训练。
6. 事情的优先顺序。
7. 规范、权限及责任。
8. 经常地给予成果的回馈。

二、创业者的状态类型 2

创业者的状态类型 2 见表 3—2。

表 3—2　创业者的状态类型 2

高度	中度		低度
		有些能力 低意愿	低能力 低意愿
		D2	D1

已发展　　　　　　　　　　　　　　　　　　　　　　　　　发展中

当创业者对某项目标或任务的达成处于 D2 状态时的特点：

1. 比较实际，缩小理想与现实的差距。
2. 质疑的态度。
3. 经常挑战与评估。
4. 检视目标是否合理。
5. 质疑。

在状态 D2 时创业者的需求：

1. 清晰的目标。
2. 远景的展望。
3. 经常地给予成果的反馈。
4. 创业有进步时给予赞赏。
5. 告诉他不要害怕犯错误。
6. 解释为什么事情是这样的。
7. 鼓励。

三、创业者的状态类型 3

创业者的状态类型 3 见表 3—3。

表 3—3　创业者的状态类型 3

高度	中度		低度
	中、高能力 变动中的意愿	有些能力 低意愿	低能力 低意愿
	D3	D2	D1

已发展　　　　　　　　　　　　　　　　　　　　　　　　　发展中

当创业者对某项目标或任务的达成处于 D3 状态时的特点：

1. 自动自发，几乎不需监督。
2. 需要中、高能力和技巧。
3. 有具体贡献。
4. 可独立解决问题。

在状态 D3 时创业者的需求：

1. 希望有一位平易近人的良师或教练。
2. 有机会表达他所关心的事。
3. 支持与鼓励他去发展解决问题的技巧。
4. 协助他客观地学习技巧并建立信心。
5. 协助他排除障碍以达成目标。

四、创业者的状态类型 4

创业者的状态类型 4 见表 3—4。

表 3—4　创业者的状态类型 4

高度	中度		低度
高能力 高意愿	中、高能力 变动中的意愿	有些能力 低意愿	低能力 低意愿
D4	D3	D2	D1

已发展　　　　　　　　　　　　发展中

当创业者对某项目标或任务的达成处于 D4 状态时的特点：

1. 有高度的技巧与能力。
2. 持续有好的表现。
3. 可以成为别人的典范与良师。

在状态 D4 时创业者的需求：

1. 期望有变化与挑战。
2. 得到他人的肯定。
3. 有自主权及权威。
4. 被信赖。

学习要点二　创业指导的主要方法

创业指导的效果在很大程度上取决于指导方法的选择，不同的指导方法具有不同的特点，其自身也是各有优劣。要选择合适有效的指导方法，需要考虑到指导的目的、指导的内容、被指导对象的自身特点及创业指导人员具备的资源等因素。下面介绍创业指导常用的方法及其特点和适用范围。

一、现场指导法

现场指导法属于传统模式的指导方式，创业指导人员通过语言表达，系统地向被指导对象传授知识，期望这些被指导对象能记住其中的重要观念与特定知识。

【要求】创业指导人员应具有丰富的知识和经验；指导要有系统性，条理清晰，重点、难点突出；指导时要语言清晰，生动准确；必要时运用板书；应尽量配备必要的多媒体设备，以加强指导的效果；指导完应保留适当的时间与学员进行沟通，用问答方式获取被指导对象对指导内容的反馈。

【优点】运用方便，可以同时对许多人进行指导，经济高效；有利于被指导对象系统地接受新知识；容易掌握和控制指导的进度；有利于加深理解难度大的内容。

【缺点】指导效果易受创业指导人员的水平影响；由于主要是单向性的信息传递，缺乏创业指导人员和被指导对象间必要的交流和反馈，指导的内容不易被巩固，故常被运用于一些理念性知识的指导。

二、创业体验指导法

这是一种体验式的指导方法，指让被指导对象在预定的时期内到创业企业进行实习体验，使其获得不同行业的创业经验，一般运用于新创业者。

【要求】在为被指导对象安排创业体验时，要考虑被指导对象的个人能力及其需要、兴趣、态度和创业偏爱，从而选择适合他的创业企业；创业体验时间长短取决于被指导对象的学习能力和学习效果，而不是机械地规定某一时间。

【优点】创业体验能丰富被指导对象的经历；能识别被指导对象的长处和短处，创业指导人员通过创业体验了解被指导对象的专长和创业偏好，从而更好地对其开展指导；创业体验能增进被指导对象对创业各项工作的了解，扩展其知识面，对被指导对象以后完成创业打下基础。

【缺点】如果被指导对象在创业企业停留时间太短，可能会使所学的知识不精；由于此方法鼓励“通才化”，适合于新创业者的指导，不适用于处于较高创业阶段和有深度创业指导需求的创业者。

三、研讨法

研讨法按照费用与操作的复杂程度可分成一般研讨会与小组讨论两种方式。研讨会多以专题演讲为主，中途或会后允许被指导对象与创业指导人员进行交流沟通，一般费用较高。小组讨论法费用较低。研讨法指导的目的是为了提高能力，培养意识，交流信息，产生新知。研讨法比较适宜于解决某些有一定难度的创业问题。

【要求】每次讨论要建立明确的目标，并让每一位被指导对象了解这些目标；要使被指导对象对讨论的问题产生内在的兴趣，并启发他们积极思考。

【优点】强调被指导对象的积极参与，鼓励其积极思考，主动提出问题，表达个人的感受，有助于激发学习兴趣；讨论过程中，创业指导人员与被指导对象间、被指导对象与被指导对象间的信息可以多向传递，知识和经验可以相互交流、启发，取长补短，有利于被指导对象发现自己的不足，开阔思路，加深对创业的理解，促进能力的提高。据研究，这种方法对提高被指导对象的责任感或改变创业态度特别有效。

【缺点】运用时对创业指导人员的要求较高；讨论课题选择得好坏将直接影响指导的效果；被指导对象自身的水平也会影响指导的效果；不利于被指导对象系统地掌握知识和技能。

四、视听技术法

视听技术法就是利用现代视听技术（如使用投影仪、录像、电视、电影、电脑等工具）对被指导对象进行指导。

【要求】播放前要清楚地说明指导的目的；依指导的主题选择合适的视听教材；各人对播映内容发表自己的感想或以“如何应用在创业上”来讨论，最好能边看边讨论，以增强理解；讨论后，创业指导人员应做重点总结或将如何应用在创业上的具体方法告诉被指导对象。

【优点】由于视听指导是运用视觉和听觉的感知方式，直观鲜明，所以能给人更深的印象；教材生动形象且给被指导对象以真实感，所以也比较容易引起被指导对象的关注和兴趣；视听教材可反复使用，从而能更好地适应被指导对象的个别差异和不同水平的要求。

【缺点】视听设备和教材的成本较高，内容容易过时；选择合适的视听教材不太容易；被指导对象处于消极的地位，反馈和实践较差，一般可作为指导的辅助手段。

五、案例研究法

案例研究法是指为被指导对象提供创业中如何处理棘手问题的书面或影像描述，让被指导对象分析和评价案例，提出解决问题的建议和方案的指导方法。案例研究法的目的是训练创业者具有良好的决策能力，帮助他们学习如何在紧急状况下处理各类事件。

【要求】案例研究法通常是向被指导对象提供一则描述完整的创业问题的案例，案例应具有真实性，不能随意捏造；案例要和指导内容相一致，被指导对象分组来完成对案例的分析，做出判断，提出解决问题的方法。随后，在集体讨论中发表自己小组的看法，同时听取别人的意见。讨论结束后，公布讨论结果，并由创业指导人员再对被指导对象进行引导分析，直至达成共识。

【优点】被指导对象参与性强，变被动接受为主动参与；将被指导对象解决问题能力的提高融入到知识传授中，有利于使被指导对象参与创业实际问题的解决；指导方式生动具体，直观易学；容易使被指导对象养成积极参与和向他人学习的习惯。

【缺点】案例的准备所需时间较长，且对创业指导人员和被指导对象的要求都比较高；案例的来源往往不能满足指导的需要。

思考与练习

1. 请简述不同创业状态下创业者的特点和指导需求。
2. 请简述创业指导常用方法的要求和优缺点。

第二单元　创业指导人员的常用工具

在创业指导人员辅导创业者时，应当使用一些规范的操作方法与工具，同时，也应教会创业者自身学会使用其中的一部分工具，即“授人以鱼不如授之以渔”。

学习要点一　模型工具

对于创业指导人员来说，需要掌握一些基本的创业要素模型工具，作为指导创业者的理论基础和依据。常用的有蒂蒙斯创业模型、威克姆创业模型、刘常勇创业模型、MAIR 创业模型等。

一、蒂蒙斯创业模型

美国百森商学院杰弗里·蒂蒙斯教授于 1999 年在他所著的《新创企业》一

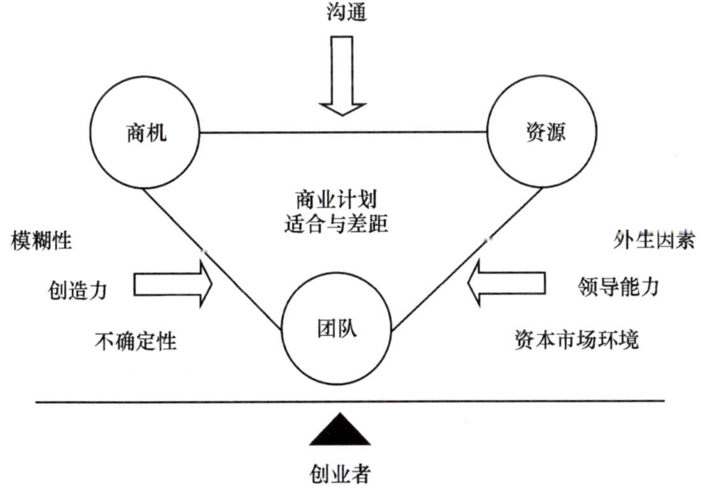

图 3—1　蒂蒙斯创业模型

书中提出一个创业管理模型，如图 3—1 所示。他认为成功的创业活动，必须要能将机会、创业团队和资源三者做出最适当的搭配，并且要能随着事业发展而做出调整，保持动态的平衡。创业流程由机会所启动，在组成创业团队之后取得必要的资源，创业计划方能顺利开展。

蒂蒙斯认为，在创业前期，机会的发掘与选择最为关键；创业初期的重点则在于团队的组成；当新事业顺利启动后，才会增加对于资源的需求。也就是说，蒂蒙斯的模型十分强调弹性与动态平衡，他认为创业活动随着时空变迁，机会、团队、资源三项因素会因比重发生变化而产生失衡的现象。良好的创业管理就必须要能及时地进行调整，掌握当时的活动重心，使创业活动重新获得平衡。

蒂蒙斯认为，在创业过程中，由于机会的模糊、市场的不确定性、资本市场的风险，以及外在环境的变迁等，经常影响到创业活动，使得创业过程充满了风险。因此就必须要依靠创业者的领导、创造力与沟通能力来发掘问题，掌握关键要素，弹性调整机会、资源、团队三个层面的搭配组合，使得新事业能够顺利进行。

此模型认为，创业是一个高度动态的过程，其中机会、资源、创业团队是创业过程最重要的驱动因素：商业机会是创业过程的核心要素，创业的核心是发现和开发机会，并利用机会实施创业，因此，识别与评估市场机会是创业过程的起点，也是创业过程中一个具有关键意义的阶段；资源是创业过程的必要支持，为了合理利用和控制资源，创业者往往要竭力设计创业精巧、用资谨慎的战略，这种战略往往对新创企业极为重要；创业团队是新创企业的关键组织要素。蒂蒙斯认为，创业领导人和创业团队必备的基本素质有，较强的学习能力，能够自如地对付逆境，有正直、可行、诚实的品质，富有决心、恒心和创造力、领导能力、沟通能力，但最为重要的是团队要具有柔性，能够适应市场环境的变化。

蒂蒙斯模型的特点是，三个核心要素构成一个倒立的三角形（见图 3—1），创业团队位于三角形的底部。在创业初始阶段，商业机会较大而资源较为缺乏，三角形将向左边倾斜；随着企业的发展，企业拥有较多的资源，但这时原有的商业机会可能变得相对有限，这就导致另一种不均衡。创业领导者及创业需要不断探求更大的商业机会，进行资源的合理运用，使企业发展保持合适的平衡。这三者的不断调整，最终实现了动态均衡，这就是新创企业发展的实际过程。蒂蒙斯模型始终坚持三要素间的动态性、连续性和互动性。

二、威克姆创业模型

英国创业学专家威克姆在其名篇《战略型创业》一文中提出了基于学习过程的创业模型。威克姆创业过程模型如图 3—2 所示。

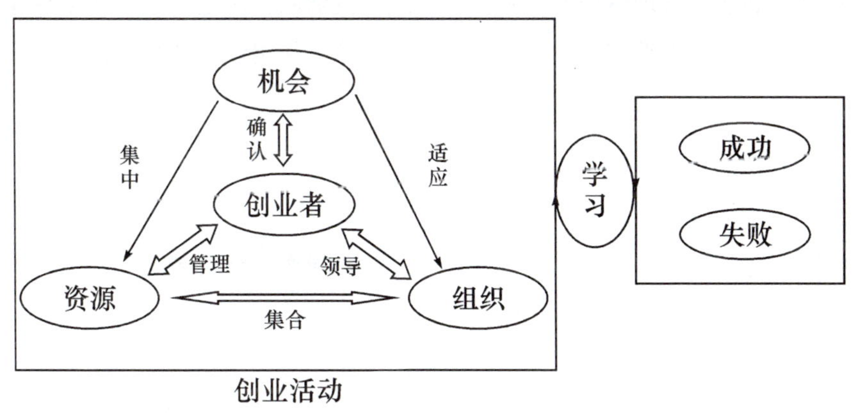

图 3—2　威克姆创业模型

威克姆创业模型的含义是：创业活动包括创业者、机会、组织和资源四个要素，这四要素互相联系。创业者任务的本质就是有效处理机会、资源和组织之间的关系，实现要素间的动态协调和匹配。创业过程是一个不断学习的过程，而创业型组织是一个学习型组织。通过学习，不断变换要素间的关系，实现动态性平衡，成功完成创业。

威克姆创业模型指出，创业者处于创业活动的中心。创业者在创业中的职能体现在与其他三个要素的关系上，即识别和确认创业机会、管理创业资源、领导创业组织。该模型还揭示了资源、机会、组织三要素之间的相互关系。资本、人力、技术等资源要集中于机会利用上，并且要注意资源的成本和风险；资源的集合形成组织，包括组织的资本结构、组织结构、程序和制度，以及组织文化；组织的资产、结构、程序和文化等形成一个有机的整体，来适应所开发的机会。

为此组织需要根据机会的变化而不断调整。

另外，该模型还揭示了组织是一个学习型的组织。也就是说，组织必须不仅对机会和挑战做出反应，而且还要根据这种反应的结果来调整和修改未来的反应，即组织的资产、结构、程序、文化等要随着组织的发展而不断改进，组织在不断的成功与失败中得到学习与锻炼，从而获得更大的成功，得以发展壮大。

威克姆创业模型的特点主要是，将创业者作为调节各个要素关系的重心，经过对机会的确认，管理资源并带领团队实施创业活动，在这个过程中组织不断加强学习，使创业者能够根据机会来集中所需资源，使组织适应机会的变化，进而实现创业成功。

三、刘常勇创业模型

中国台湾学者刘常勇根据对创业环境、创业网络、创业者及创业执行等要素的研究，提出一个较为详细的创业要素模型，如图 3—3 所示。

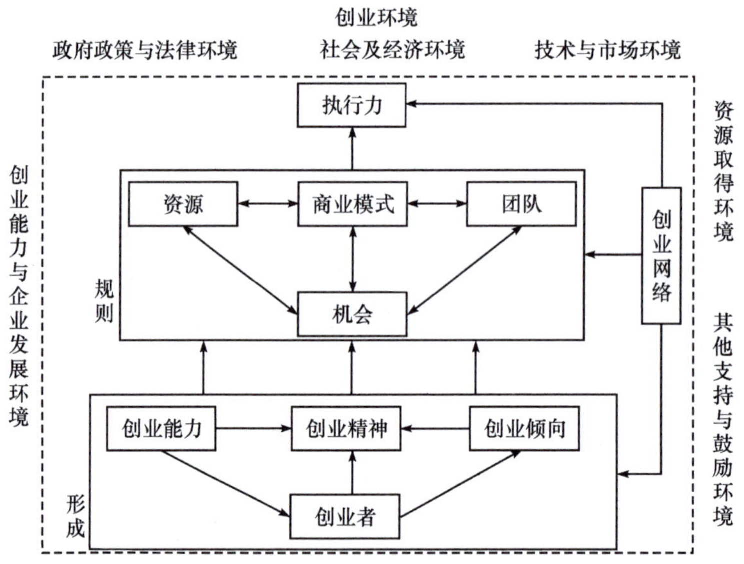

图 3—3 刘常勇创业模型

刘常勇认为，新企业的形成是创业者、创业能力、创业精神及创业倾向相互作用的结果。这种相互作用会进而推动机会、资源、团队及商业模式之间的相互作用，从而产生创业执行力。而创业网络贯穿创业的全过程，影响着创业的每一阶段，同时创业网络还是连接创业环境与创业过程的主要桥梁。刘常勇将创业环境细分为政府政策与法律环境、社会及经济环境、技术与市场环境、资源取得环境、创业能力与企业发展环境、其他支持与鼓励环境，这些环境因素在创业外围形成环状，表明整个创业过程和创业行为离不开环境的影响。

刘常勇的创业综合模型是国内研究创业的比较完整的模型之一，模型首先从人，即创业者的角度出发，基于一定的创业倾向和能力，首先发现机会，而后基于一定的商业模式整合团队和资源，形成创业执行力，实施创业行为，整个过程不仅受到网络这一小环境的影响，还受到大环境的影响。因此，这一模型既全面又具有动态性。

四、MAIR 创业模型

英国杜伦大学商学院的艾伦·吉布教授提出了 MAIR 创业模型。MAIR 创业模型强调创业者是整个创业过程中至关重要的因素。创业者会积极主动地承担风险，创办企业，经营企业并赢得顾客。创业者要成功地做到这些，取决于四个要素，即动机和决心、能力、想法和资源，如图 3—4 所示。

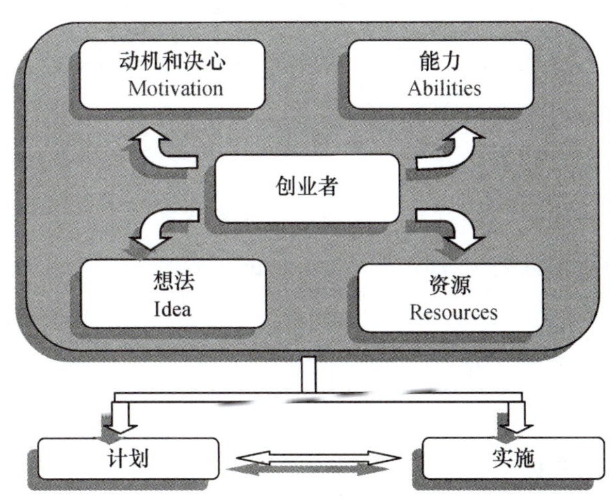

图 3—4　MAIR 创业模型

1. 动机和决心

无论是个人还是团队要想成功创办企业都需要具备强烈的创业动机和坚定的创业决心。

什么是创业动机和决心呢？实际上就是要说清楚为什么要去创办一个企业，

创业的原因是什么。创业的动机和决心是个人和团队能否成功创办企业的前提和基础，所以在创办企业之前首先要正确评价自己的动机和决心。

2. 能力

另一个重要的问题就是个人或者团队是否具备相关的特殊能力和素质，这些可以是创业的知识、企业或创业方面的技术和管理技能。

3. 想法

选择一个有市场前景的创业想法、项目、产品或者服务是非常重要的问题。换句话说，有市场前景的创业想法、项目、产品或者服务需要具备以下几个条件：

(1) 能够满足顾客需求。

(2) 顾客具备购买能力并且乐于购买。

(3) 顾客购买的数量足够回收成本并获得充足的利润。

4. 资源

最后，创业者需要能够获得充足和有效的资源，这不仅影响企业运营，在一些时候还影响到是否可以创办企业，如资金、房屋、原材料、设备和人员等。基础设施（如水电、通讯线路、道路）和外部的支持服务（如政府的政策、各种创业服务机构的帮助）也是非常重要的。

5. 创业计划

为了能够将前面四个部分变成现实，创业者还需要有一个计划，就是创业计划。一个完整的创业计划需要体现四个方面的内容：

(1) 想要做什么。

(2) 计划怎么着手去做。

(3) 由谁去做。

(4) 说明想法是值得去做的。

6. 实施

有了创业计划，并不意味着就一定能够成功创办一个企业。重要的是创业者要能够按照计划去实际操作和行动，并且在操作过程中不断地调整和完善。在操作过程会遇到很多问题，创业者可以积极地寻求其他人的帮助。例如，在创办企业和开始经营企业之前，会遇到各种问题，就需要和一些专业人士商量和咨询，

如创业咨询师、律师、会计师或为小企业提供服务的机构中的工作人员。

总之，创办一个小企业并不是一件轻而易举的事情。首先需要创业者具备一个强烈的创业动机和必要的创业能力，然后再找到一个好的创业想法，准备相应的各种资源，把创办企业的事情写成创业计划书，最后能够努力地去行动，把计划变成现实。

创业指导人员对创业者进行指导，首先要具备一定的创业学的理论基础，同时还要善于利用各种创业模型作为指导创业者的依据和工具。上述几种常用的创业模型，创业指导人员可以根据创业者准备创办或者已经创办的企业的差异性进行选择。例如，如果创业者准备创办一家微型企业，MAIR 创业模型是比较适合的指导模型工具；刘常勇创业模型更适合企业内外系统比较复杂并且具备一定技术含量的小企业；而蒂蒙斯创业模型和威克姆创业模型是创业指导人员开展创业指导工作的理论基础模型。

学习要点二　操作方法与工具

创业指导人员应当掌握以下操作方法与工具，见表 3—5。

表 3—5　初级创业指导人员应掌握的操作方法与工具

创业指导环节	建议使用的方法与工具
项目构思、问题解决	头脑风暴
信息搜集、市场调研	网络信息搜集、访谈法、问卷调查
项目诊断、项目分析	数据分析、SWOT 分析

一、头脑风暴

1. 定义

头脑风暴法（Brain Storming）又称智力激励法，是一种激发性的思维方法，是一种打开思路、产生很多想法的方法。经各国创造学研究者的实践和发展，头脑风暴法如今已经成为一个发明技法群，如奥斯本智力激励法、默写式智力激励法、卡片式智力激励法等。

在进行头脑风暴时，思维可以不受任何限制，也可以根据约定的维度展开。前者称为一般性头脑风暴，后者称为结构性头脑风暴。例如，写下一个特定的产品，要求想出相关企业，如不加限制则为一般性头脑风暴；如按要求先写出与销售相关的企业，再写出与制造相关、服务相关、间接相关（副产品）的企业，则为结构性头脑风暴。

2. 适用情景

一个人可以进行头脑风暴，但以小型会议形式进行的群体头脑风暴效果更好。群体头脑风暴的特点见表 3—6。

表 3—6　群体头脑风暴的特点

特点	说明
联想反应	群策群力，一个人的发言可能起到“一石激起千层浪”的效果
热情感染	自由发言，相互影响，互相感染，突破固有观念的束缚，最大限度地发挥创造性思维能力
竞争意识	竞相发言，专注心理特点进行有效刺激

在创业指导的实践中，头脑风暴法在帮助被指导对象进行项目构思、问题解决中起到了非常明显的作用。如果小微企业能够正确地掌握群体头脑风暴的使用原则（见表 3—7）与方法，可以更加有效地激发创意的产生，同时还能帮助小微企业发现人才。

表 3—7　群体头脑风暴的使用原则

序号	原则
1	强调想法的数量而不是质量
2	鼓励荒谬和牵强的想法
3	避免对提出的想法批评、评价和判断
4	应鼓励对别人的想法加以发挥

3. 操作步骤

群体头脑风暴的实质是一种讨论会议，就是让参与讨论的成员尽可能多地产生想法。一个成功的头脑风暴会议在会前、会中、会后都需要精心准备。

(1) 会前

主要要确定会议议题、参加者、时间地点，并进行通知。具体步骤见表3—8。

表3—8　头脑风暴会议的会前准备

关键点	说明
选定基本议题	议题的选择应十分明确，合乎参与者的层次和关心程度。小微企业面临的问题较多，但一次切忌讨论太多议题
确定参加者	要事先确定会议的主持人、参加人、记录员，一般不超过10人，记录员一般参与会议讨论。小微企业人数不多时，可以全员参与
确定会议时长	会议通常限定时间为30分钟到1小时，时间太长容易疲劳、松弛，反之则信息激励联想反应不充分，难以获得大量的设想
确定会议场所	对场所进行必要的布置，布置过程中要提供记录用的纸笔工具和大白纸、黑板等。记录员要将成员提供的想法记录于所有成员都能看到的大白纸或黑板上，故座位安排应便于参加人看到记录情况

(2) 会中

主持人向参加人介绍会议议题、议程及注意事项，主要是不能破坏实施头脑风暴法的几大原则，如能将这些原则张贴于醒目可见之处尤佳。具体步骤见表3—9。

表3—9　头脑风暴会议的步骤

步骤	说明
第一步，确定目标	确定头脑风暴会议的目的或目标，将问题或题目写在黑板或大白纸上
第二步，明确规则	与参加人回顾头脑风暴会议的基本规则，明确发表意见的方式与顺序
第三步，讨论记录	个人任意说出想法或个人轮流说出想法，所有的想法一起记录在黑板或大白纸上
第四步，继续深入	就黑板或大白纸上记录的想法，继续发表新的想法。主持人可以用提问的方式来使参加人产生更多的想法
第五步，适度总结	最后，主持人可以进行适度的回顾与总结

在会议开始之前，有时可以插入一些热身活动，目的是让参与者尽快进入“角色”，尽量减少会议中僵局冷场的时间。热身活动多种多样，例如：“动物游戏”、互相介绍、讲幽默故事等。热身活动也可以是体力的，只要能使与会者很快地忘掉自己的工作和私事，形成热烈、轻松的气氛就行。

(3) 会后

会上提出的设想大都是未经仔细斟酌和认真评价的，经加工完善之后才有实用价值。因此，头脑风暴会议会后的总结评价与落实不可缺少，见表3—10。

表3—10　头脑风暴会议的会后落实

关键点	说明
设想的增加	会议结束后的第二天，主持人可以以电话或面谈方式收集参加人在会后产生的新设想。这是不可忽视的一步，因为通过会后的休息，思路往往会有新的转换或发展，又能提出一些有价值的设想
评价和发展	对最后汇总想法的评价，最好先拟定一些评价指标，如这一设想是否可行、结构是否简单、工艺能否实施、做法是否合理、费用能否节省等

4. 注意事项

在实施头脑风暴会议时，主持人与参加人应该关注以下要点，见表3—11。

表3—11　头脑风暴会议的实施要点

阶段	人员	应该	不应该
会前	主持人	拟订明确的研讨主题和目标 确定合适的参加人，如果能邀请到相关专业人士参加，效果会更好 事先将与会相关的会议内容通知参加人	漫无边际或主题不明确 让无关人员参与，关键人物或可能提供重要信息的人物未邀请 搞突然袭击，让参加人措手不及
	参加人	阅读相关材料 知晓主题后积极思考相关问题	对会议内容一无所知 事先不做相关思考

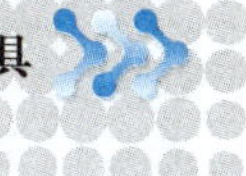

续表

阶段	人员	应该	不应该
会中	主持人	在讨论过程中保持中立 坦诚倾听、归纳参加人的观点 发现积极和消极的会议参加人，保证每个人作出贡献 适当使用主持人的权力 保证会议有较为明确的结果	以个人主观判断选择、限制参加人的发言 议来议去，没有结果和时间控制 让无意义的争论影响会议进展 没有适当的归纳总结，让会议不明不白地结束
	参加人	对参加会议有积极的心态 围绕会议主题积极发言 倾听发言（用耳、身体语言）	事不关己，高高挂起 不知所云，发言空洞，或评论、批评他人的想法 表现出消极的身体语言
会后	主持人	对会议结果有书面总结 关注会议结果的落实	不对会议结果进行总结、落实
	参加人	会后仍积极思考 按会议分配的任务行动	不履行职责 对某些参加人在会中的表现进行嘲讽，或做出不负责任的言行

案例
一个成功的头脑风暴会

主题：我们企业怎样才能提高顾客满意度？

时间：2013.5.10　上午

地点：南京××公司会议室

参会人员：王总、各部门经理及营销人员共九人

主持人：李成业

背景：顾客有抱怨，且产品销售量明显下跌。

进行方式：

1. 主持人确定本次头脑风暴会的任务（研讨问题、制订下一步行动计划）
2. 以头脑风暴会形式检讨现阶段销售及客户服务中的主要问题

3. 以头脑风暴会形式就主要问题提出解决方案

4. 共同确定各问题的完成时间及责任人

会议成果：

1. 全体与会人员对当前销售及客户服务的各个主要问题、具体表现均有全面深入的理解

2. 全体与会人员明确各自的职责及下一步的推广计划

3. 秘书对会议结果作全面记录

4. 成员对如何开好头脑风暴会有切身感受

会议部分主要结论：

1. 清楚地定义顾客的要求——与他们访谈、了解

2. 分析出他们的最高期望

3. 将我们的表现与顾客的要求进行对照

4. 将我们的服务水准与使顾客满意的要求对照

5. 征求并分析顾客的投诉

6. 将质量概念全面引入我们的产品和服务

7. 关注竞争

8. 以相对低的价格提供相对高质量的服务

9. 与顾客发展长期的开放式的关系

10. 及时地解决顾客的投诉

11. 对使顾客超常满意员工行为进行奖励

12. 保证我们所做的就像我们对所宣传的一样

具体任务分解安排：……

二、网络信息搜索

1. 定义

网络信息搜索是指通过互联网，运用一定的网络信息搜索技术与策略获取所需要的信息。在信息爆炸的时代，网络信息搜索能力已成为新时代创业者进行数据收集的一项必备技能。对于创业指导人员或在创业起步阶段的众多创业者来

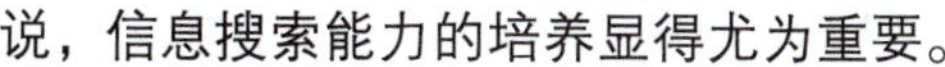

说，信息搜索能力的培养显得尤为重要。

（1）网络信息的基本特点

1）信息存取自由，内容包罗万象。网络创造了多层次的信息交流模式，形成了百科全书式的知识网络，信息新颖且时效性强，搜索手段方便快捷，正确使用可极大提高搜索者信息搜集的效率。

2）真假优劣混杂，鉴别难度较大。网络信息数量增长迅速，但质量良莠不齐，信息源不规范，内容冗杂，因此，创业者在进行信息搜集时，需要关注所搜集信息的及时性、准确性、适用性与经济性。

（2）网络搜索中常用的基本概念

1）关键词。指创业者根据搜索需求总结而得到的几个概括性的词语，这些词语要具有代表性、起到核心或主体作用等。例如创业者需要搜索民间借贷风险方面的研究报告，即可选择如下关键词：“民间借贷”“风险防范”。

2）初级搜索。初级搜索能为用户提供详细的导航内容，最大范围地选择搜索信息空间，方便快速，效率高，但查询结果冗余。针对初级搜索结果进行二次搜索或配合高级搜索，能大大提高搜索质量，适用于部分对多条件组合查询不熟悉的创业指导人员及创业者。

3）高级搜索。高级搜索包括位置搜索、限制搜索等，以百度高级搜索为例，如图3—5所示，利用高级搜索能系统、快速、有效地组合查询，保证查询结果冗余少，查询结果质量高，但这要求创业指导人员或创业者掌握一定的搜索技

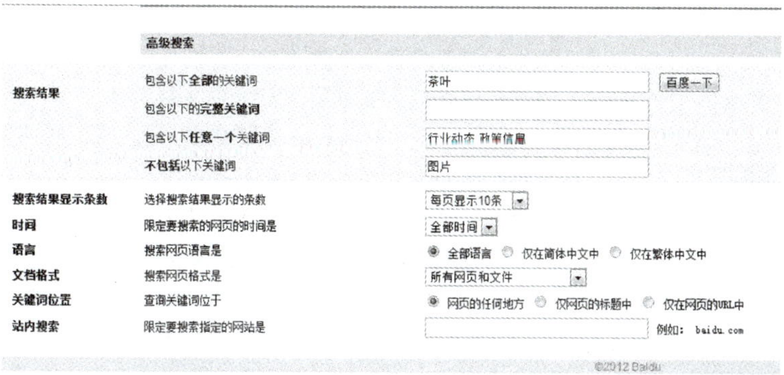

图3—5　百度高级搜索

术。

4）二次搜索。指在前次搜索的基础上进行的再次搜索。当创业指导人员或创业者对一次搜索结果不满意时，即可采取这种方式，缩小搜索范围，优化搜索结果。

2. 适用情境

创业指导人员可指导创业者在网络上搜索其所在行业的市场讯息、竞争对手的信息、相关利益群体的动态，为企业的决策提供帮助。进行有效的网络信息搜索需要具备以下条件：

(1) 联网的计算机或信息终端。

(2) 搜索者掌握相关的网络信息搜索方法与技巧。

(3) 为了获取更多相关行业以及相关企业的信息，创业者可注册一些 B2B 网站（包括付费在内的）。

3. 操作步骤

网络信息搜索的效果与搜索途径及关键字密切相关。其具体步骤和途径见表 3—12、表 3—13。

表 3—12　网络信息搜索步骤

步骤	说明
明确搜索目的	明确搜索目的就是明确搜索要解决什么问题，为什么要进行网络信息搜索，在搜索目的表述清楚后，确定搜索的关键词和子项目
确定搜索途径	常见的网络信息搜索途径为搜索引擎，如百度、谷歌等，但这样的搜索方式在调查行业信息等情形时会显得无能为力，因此了解网络信息搜索途径的多少往往成为关键因素
进行网络搜索	通常在搜索引擎中进行关键词初次搜索时，结果过于宽泛，可以采用高级搜索，或者进行二次搜索，直至满意为止
存储搜索结果	当搜索到满意的信息时，可以对搜索结果进行存储，既可以用网页浏览器本身具备的收藏功能，也可以采用复制的方式存储到 word 等文档编辑器中，或采用专业软件进行存储，供以后查询方便

表 3—13　网络信息搜索途径

搜索途径	简介
搜索引擎	搜索引擎是指根据一定的策略、运用特定的计算机程序搜索互联网上的信息，在对信息进行组织和处理后，为用户提供搜索服务的系统。搜索引擎以搜索结果的质量为目标，代表性的有百度、谷歌
分类目录	分类目录是指通过人工的方式收集网站资源，并把这些拥有一定价值的网站资源通过人工的方式对他们的主题进行整理组织之后，存放到相应的目录下面，从而形成的网站分类目录的体系
网站地址	一些网站信息较为专业和权威，在这类网站上通过其集成或自带的搜索引擎与目录分类，也可搜索到较为有效的信息。例如，创业者可浏览中华人民共和国国家统计局的网站（域名地址 http://www.stats.gov.cn），了解我国的经济发展信息
网络资源链接、超链接	当搜索到某一信息资源时，往往有许多相关链接、推荐链接、热点链接等，顺链而下，可以查到许多有价值信息
网络数据库	专业类或行业类的数据信息也可以通过网络数据库进行搜索，网络数据库包括免费和付费两类
其他	可进入专业博客、论坛网站获取相关信息

小贴士

上市公司的招股说明书对其所在行业往往有较为全面的描述，可以通过网络搜索获得，是创业者很好的参考资料。

4. 注意事项

(1) 创业者在进行网络信息搜索时，关键词的选择至关重要，只有合适的关键词才能更小范围地、高质量地、快速地搜索创业者需要的信息。

(2) 掌握一定的搜索技巧可以极大地提高创业指导人员与创业者的信息搜索效率，具体请参见相关知识链接。

(3) 特别要注意通过搜索所获得信息的时效性与真实性。时效性可以通过查看网页发布的时间来验证，而真实性可以通过网页的来源（是否官方网站）与网页自身性质（是否为广告）来确认。

小贴士

创业者经常会碰到是否要加盟某一品牌或项目的困惑，其中关键一点是无法确定品牌或项目的真实可靠性。此时，可以在搜索引擎中输入品牌名称或项目名称，同时加上关键字，如“投诉”“骗子”等，从侧面进行验证。

案例

王总经营茶叶生意，为了更好地进行商业决策，他决定先上网搜索一下相关信息。

1. 明确搜索目的

了解茶叶市场行业动态和政策信息；掌握国内主要的茶叶行业/专业网站；了解网上茶市的主要竞争对手；掌握潜在的目标客户信息。

2. 确定搜索途径

选择百度与谷歌为搜索引擎分别进行搜索。

3. 进行网络搜索

以“茶叶”为关键词搜索。由于搜索信息结果与自身搜索目标内容存在较大的差距，因此，又选择了“茶叶公司”为关键词进行了搜索；接下来输入相应地区的名称来了解当地竞争者的情况……

4. 存储搜索结果

王总把感兴趣的网页进行了保存，相应公司的网站加入了浏览器中的收藏夹，并把一些联系人的方式记在了小本子上，准备进行电话联系……

想一想，王总还可以怎么进一步深化搜索？

三、访谈法

1. 定义

访谈法是有目的、有计划、有方向地运用交谈方式向被访者了解问题的一种统计资料收集方法，它具有显著的目的性、计划性与方向性。尽管访谈法所获得的结果不易量化，但通常访谈法得到的回答率比较高。创业者在进行信息收集、市场调研时最常用的方法就是访谈法。

访谈法以口头形式，根据被访者的回答收集客观的事实资料，为研究的问题奠定分析基础。根据不同的分类标准，访谈调查可以分为多种类型，见表3—14。

表3—14　访谈法的类型

分类标准	访谈类型	特点	优点
按照使用的工具和技术	结构式访谈（又称为标准式访谈）：按照统一设计、有一定结构的标准化问卷或访谈提纲进行访谈	访谈提纲标准化，采用共同的标准程序； 一般“量”的研究通常采用结构式访谈	有效控制访谈中的随意性，比较完整地收集到研究所需要的资料，信息指向明确，误差小，便于对不同对象的回答进行比较、分析
	半结构式访谈：介于结构式和无结构式之间	有严谨和标准化的题目；同时给被访者较大的表达自己观点和意见的空间。事先拟订的提纲可随时调整	既可以避免结构性访谈缺乏灵活性，难以对问题作深入的探讨等局限，也可以避免非结构性访谈的费时、费力，难以做定量分析等缺陷
	无结构式访谈（又称为自由式访谈）：按一定的调查目的和一个粗线条的调查提纲进行的访问	相对自由和随意的访谈，访谈有弹性，能根据访谈者的需要灵活地转换话题，变换提问方式和顺序，追问重要线索	收集的资料深入和丰富。适用于“质”的研究、心理咨询和治疗的“深层访谈”，不太适用于创业访谈
按照访谈的对象组成状况	个别访谈：对被访者逐一进行单独访谈	访谈者和被访者直接接触，有更多交流机会，访谈内容易深入	利于被访者详细表达想法，可以得到更多真实可靠的材料
	集体访谈：指在一次访谈中同时与多个被访者进行交谈	集体座谈、会议的方式进行调查	集思广益，互相启发，互相探讨，能在较短的时间里收集到较广泛和全面的信息

续表

分类标准	访谈类型	特点	优点
按照访谈人员接触情况	面对面访谈（又称为直接访谈）	访谈者可以看到被访者的表情、神态和动作	有助于了解更深层次的问题
	电话访谈	借助电话进行沟通	节省费用，提高访谈效率
	网上访谈：用文字进行交流的调查方式	借助在线沟通工具	节约费用，便于资料的收集和日后的分析

2. 适用情景

访谈法被广泛运用于市场调查、心理咨询、征求意见等方方面面，它适用于调查的问题比较深入，调查的对象差异较大，调查的样本较小，或者调查的场所不易接近等情况。创业指导人员可借助此方法帮助创业者明晰自身状况，或指导创业者运用访谈法进行资料收集，以完成市场调查或项目可行性论证等。

创业指导人员在指导创业者过程中，需要明确访谈法存在一些缺点，使用时应予以注意，见表3—15。

表3—15　访谈法的缺点

序号	缺点
1	存在一定主观性
2	不能匿名，而有些问题又不便直接询问
3	收集到的资料的真实性需要进一步查证、核实
4	耗费人力、物力、财力
5	信息的收集整理比较困难

3. 操作步骤

(1) 访谈前

一般而言，创业指导人员应指导创业者进行结构式或半结构式访谈，充分做好访谈前的准备，见表3—16。

表 3—16　访谈准备

步骤	说明
确定访谈目的	明确访谈目的，制订访谈计划
联系被访者	确定被访者能否提供可靠、有用的信息；了解被访者的职位、性格、兴趣等，进行预约，并同时告知需要获取的资料
拟定访谈提纲	列出必问问题与次要问题，确定访谈方式
组建访谈小组	一般情况下，安排两名人员参加，一个负责提问，一个负责记录。访谈过程中，两名人员也可相互配合，互换提问与记录职责
准备访谈工具	准备笔、纸（可事先设计好访谈记录表），有条件时，应准备录音笔、笔记本电脑或 U 盘（拷贝电子资料）等

小贴士

现在手机上大都带有录音功能，有的手机还能当 U 盘使用，但需要提前准备数据线。

其中，列出的问题还可以分为开放式问题与封闭式问题。开放式问题，类似于标准化考试中的问答题，即主观题；封闭式问题，类似于标准化考试中的选择题、是非判断题、填空题等，即客观题。

在访谈前的准备过程中，创业者需要确定访谈方式。访谈方式可分为漏斗式和倒漏斗式。漏斗式的访谈方式（即先问开放式问题，再问封闭式问题），如图 3—6 所示，提问的顺序是宏观知识、普遍知识、具体知识，最后是细节。

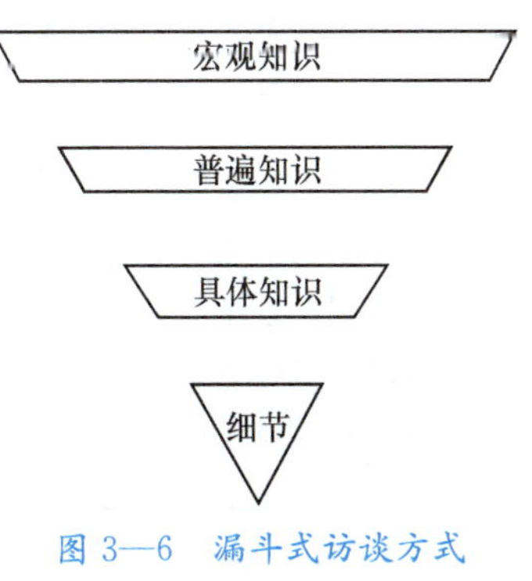

图 3—6　漏斗式访谈方式

在访谈前对被访者缺乏基本了解时，可采用漏斗式访谈方式。一开始通过提出与被访者、访谈内容相关的一些宏观、开放式问题，能够营造一个比较轻松的氛围。随着访谈的深入，再进一步涉及具体情况，直至细节问题。

倒漏斗式的访谈方式即先问封闭式问题，再问开放式问题，如图 3—7 所示，提问的顺序是具体数据、具体细节、普遍知识、结论。

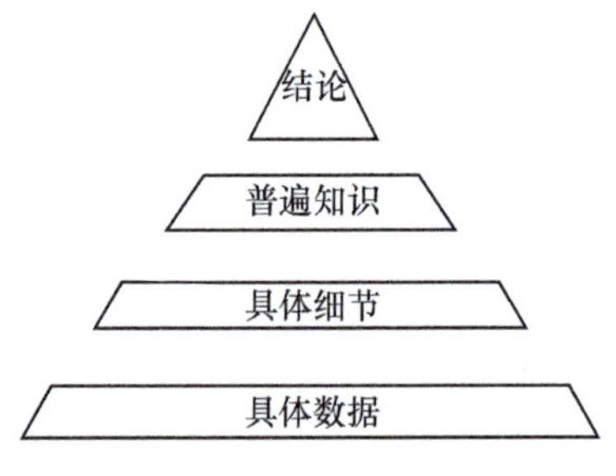

图 3—7　倒漏斗式访谈方式

在访谈前对被访者比较熟知时，可采用倒漏斗式访谈方式。一开始通过封闭式问题直接获取一些具体数据和细节，再基于这些具体数据和细节，进一步提出一些开放式问题。

(2) 访谈中

进行访谈时，可以按照下列步骤进行，见表 3—17。访谈记录见表 3—18。

表 3—17　访谈步骤

步骤	说明
开场	进行自我介绍，告知被访者本次访谈的目的、内容及时限 询问是否可以进行记录与录音，承诺对谈话内容保密 可以简短地说一些题外话，以形成较为融洽的交流氛围
访谈	按照拟定的访谈提纲进行访谈，并在访问过程中依据被访者的回答情况进行实时调整，保证访谈质量 也可按被访者的思路进行访谈，但需要注意重点与时间的把握 可在事前准备好的访谈记录表（见表 3—18）中进行记录

续表

步骤	说明
结束	回顾访谈提纲，确保必问问题没有漏问，对整个访谈进行要点总结 提出最后一个开放式问题“有没有什么您想补充的问题”并为今后进一步访谈留出余地 向被访者致谢，如有必要，可留下双方的联系方式

表 3—18　访谈记录表

<table>
<tr><td>时间</td><td colspan="3"></td><td>地点</td><td colspan="3"></td></tr>
<tr><td>访谈目的</td><td colspan="7"></td></tr>
<tr><td>被访者</td><td></td><td>所在单位</td><td colspan="3"></td><td>职务</td><td></td></tr>
<tr><td>访谈人</td><td colspan="2"></td><td>记录人</td><td colspan="4"></td></tr>
<tr><td>备注</td><td colspan="7"></td></tr>
<tr><td colspan="8">访谈内容</td></tr>
<tr><td colspan="8"></td></tr>
<tr><td colspan="8">访谈小结</td></tr>
<tr><td colspan="8"></td></tr>
</table>

(3) 访谈后

访谈结束后，需要对记录进行整理、分析与归档，见表 3—19。

表 3—19　访谈总结

步骤	说明
整理	根据现场记录和录音，补充记录的要点 可记录被访者对问题的反应和态度，而不仅仅局限于回答 有两人以上进行访谈时，访谈记录应经共同确认，确保忠实于原始信息
分析	根据访谈记录与被访者对问题的反应和态度，分析被访者的观点；总结访谈记录的核心重点与相关信息
归档	对访谈记录进行编号归档，应易于查找，同时保密性高 建立归档规则，将访谈资料系统化

4. 注意事项

在访谈过程中，创业指导人员、创业者应特别注重访谈气氛的营造，同时运用一些沟通技巧有利于访谈质量的提高，见表 3—20。

表 3—20　访谈法的注意事项

场景	注意事项
营造访谈氛围时的注意事项	选择一个能令被访者感到安全、放松的环境进行访谈
	访谈时不要迟到
	通过一些题外话，寻求与被访者之间的共同点，建立信任感
	感谢被访者能抽空接受访谈
	如有必要，可向被访者重申访谈内容会严格保密
交谈时的注意事项	注意力要集中，表示对被访者的尊敬
	把手机调成震动与静音，尽量不要接听电话，如果确有必要接听时应向被访者表示歉意
	注意访谈语气，不要咄咄逼人
	要保持适当的眼神接触
	灵活应对，不必完全拘泥于访谈提纲
	要注意把握时间，可视情况选择提纲中的问题

续表

<table>
<tr><th>场景</th><th colspan="2">注意事项</th></tr>
<tr><td rowspan="5">探究问题时的注意事项</td><td colspan="2">尽可能少说，鼓励对方提供更多信息</td></tr>
<tr><td colspan="2">通过点头或中性词语表达自己的态度（“对”“嗯”“好”“我知道了”）</td></tr>
<tr><td colspan="2">要求陈述真实的案例或具体的事实</td></tr>
<tr><td colspan="2">重复对方的表达，检验理解是否正确</td></tr>
<tr><td colspan="2">保证对一个问题进行充分讨论后再转入下一个问题</td></tr>
<tr><td rowspan="3">聆听时的注意事项</td><td colspan="2">细心聆听，从长篇大论中搜集有价值的信息</td></tr>
<tr><td colspan="2">要注意被访者的潜台词，或找出没有用语言表达出来的线索</td></tr>
<tr><td colspan="2">不断地总结、归纳并及时与被访者核实</td></tr>
<tr><td rowspan="13">应对特殊情况时的注意事项</td><td rowspan="3">被访者紧张焦虑时</td><td>向其明确阐述访谈项目的背景</td></tr>
<tr><td>解释此次访谈的目的及被访者所获得的益处，打消其顾虑</td></tr>
<tr><td>可先从其熟悉的方面展开访谈</td></tr>
<tr><td rowspan="3">被访者滔滔不绝时</td><td>避免提开放式问题，并将其分解成具体的小问题</td></tr>
<tr><td>尽可能提一些具体明确的问题</td></tr>
<tr><td>提醒被访者时间有限</td></tr>
<tr><td rowspan="3">被访者沉默不语时</td><td>寻找一些共同语言及经历以展开访谈</td></tr>
<tr><td>避免提封闭式问题，利用开放式问题引导被访者思路</td></tr>
<tr><td>对被访者提出认可，予以肯定，鼓励交谈</td></tr>
<tr><td rowspan="4">被访者态度不好、充满敌意时</td><td>当因访谈人员的原因而令被访者不快时，访谈人员应该勇于承认错误或在可能时作出让步</td></tr>
<tr><td>不要与被访者针锋相对，不要意气用事</td></tr>
<tr><td>解释采访的出发点并努力消除被访者的不快</td></tr>
<tr><td>不要质疑被访者的坦诚意见</td></tr>
<tr><td rowspan="2">其他注意事项</td><td colspan="2">访谈时间较长时，或出现一些冷场等突发情况时，可建议休息一会儿</td></tr>
<tr><td colspan="2">访谈结束后，要立即分析整理记录</td></tr>
</table>

案例

王闯经过分析，认为与建筑相关的涂料行业近年来一定会大有发展，因而想了解一下能否进入这个行业发展。正好自己的朋友认识该行业的一个专家，于是王闯请朋友帮忙约专家在一家茶社访谈，时间大约两小时，并事先拟好了访谈提纲。

1. 涂料行业现状与发展趋势

（1）生产企业现状与发展趋势。

（2）技术现状与发展趋势、新技术发展的情况。

（3）销售现状与发展趋势。

（4）国外企业在华现状与发展趋势。

（5）政府对该行业的支持力度、环保政策的影响。

2. 目前的行业结构

（1）细分行业有哪些？

（2）各细分行业的需求规模如何，有无地域特征？

（3）各细分行业的供给规模如何？竞争是否激烈？

（4）涂料行业的产业链是怎么样的？哪块的利润最高？

3. 其他问题

（1）涂料行业中哪些企业比较优秀，原因何在？

（2）现在进入涂料行业，有没有机会，主要障碍会是什么？

四、问卷调查法

1. 定义

问卷调查法又称问卷法，是调查者运用统一设计的问卷向被选取的调查对象了解情况或搜寻信息的调查方法。问卷调查法的运用，最关键的问题在于编制问卷，即决定问卷的结构性程度以及应该包含的问题；选取合适的被调查对象以及进行结果分析，其特点见表3—21。

表 3—21　问卷调查法的特点

特点	说明
调查工具的统一性	每份问卷的内容和形式都是统一的，并且问卷的拟制、印发、回收也是在统一时间进行。调查工具的统一性，有利于直接运用计算机进行数据处理
调查方式的灵活性	可以由调查员派送当面回答，也可电话调查或填答后再寄回或收回。但不同调查方式的回收效率与实施便捷性程度不同，见表 3—22
调查结果的量化性	调查结果易量化，便于提供令人信服的数据支持，易获得反映相关问题数量特征的原始数据，便于定量分析

按照问卷填答者的不同，问卷调查法可分为自填式问卷调查和代填式问卷调查，见表 3—22。

表 3—22　问卷调查法的分类

项目	自填式问卷调查			代填式问卷调查	
	报刊问卷	邮寄问卷	送发问卷	访问问卷	电话问卷
调查范围	很广	较广	窄	较窄	可广可窄
被调查对象	难控制和选择，代表性差	可一定程度的控制和选择，但回复问卷的代表性难以估计	可控制和选择，但过于集中	可控制和选择，代表性较强	可控制和选择，代表性较强
影响回答的因素	无法了解、控制和判断	难以了解、控制和判断	有一定了解、控制和判断	便于了解、控制和判断	不太好了解、控制和判断
回复率	很低	较低	高	高	较高
回复质量	较高	较高	较低	不稳定	很不稳定
投入人力	较少	较少	较少	多	较多
调查费用	较高	较高	较低	高	较高
调查时间	较长	较长	短	较短	较短

小贴士

如果采用邮寄问卷，请准备回寄的信封，写上回邮地址并贴上邮票，这样能有效提高问卷回收率。

如果被调查对象会使用网络，也可以采用电子邮件寄发或利用调查网站调查等新兴方式进行问卷调查。由于电子化的问卷更为方便、节省，易于统计，创业者可重点关注。

2. 适用情景

问卷调查适用于收集目标人群（而非固定对象）对待调查主题的认识和看法。当调查内容多，又不便于面对面进行调查活动时，问卷调查便具有了不可替代的优点，见表 3—23。

表 3—23　问卷调查的优点

优点	说明
1	能突破时空限制，在广阔范围内同时对众多被调查对象进行调查
2	标准化程度高，结果易于统计，进行量化研究
3	当样本足够大时，结论具备很强的代表性
4	可进行匿名作答，此时被调查对象心理干扰小，回答较为真实
5	较为节约人力、时间与经费

但使用问卷调查的前提是要求有一定的样本量，否则结论的可信度将会显著下降，创业指导人员在指导创业者进行问卷调查时需特别注意这一点。

3. 操作步骤

问卷调查的具体操作步骤见表 3—24。

表 3—24　问卷调查的操作步骤

步骤	说明
确定问卷调查的目的	明确调查目的。每一次的调查目的应非常明确，题目不能太多，否则会造成因觉得浪费时间，被调查对象不愿意填写。创业指导人员与创业者要特别注意这一点

续表

步骤	说明
确定问卷的目标群体	依据调查的目的，确定调查的目标群体，需要考虑调查的可实现性
设计调查问卷	按问卷的一般结构（引言、正文、受访者基本资料、结语）进行设计，见表 3—25
组织填写问卷	可先组织小范围的问卷试填写，根据试填结果做出调整；再向目标群体发放调查问卷，并进行回收
问卷分析	对问卷反映的结果进行数据处理与分析，以获得有用的结论，为决策或问题的解决提供数据依据与支持

(1) 问卷设计

问卷设计是问卷调查的主体工作。一般而言，问卷的结构及内容由四部分组成，见表 3—25。

表 3—25　问卷的一般结构及内容

结构	内容	说明
第一部分	引言	包括调查的目的、意义和主题，对被调查对象的希望和要求，填写问卷的说明，回复问卷的方式和时间等
第二部分	正文	是调查问卷的主体部分，设计若干问题要求被调查对象回答
第三部分	受访者基本资料	获取被调查对象的有关情况，如性别、年龄、职业等，以便进一步统计分析收集的资料
第四部分	结语	可以致谢作为结语，也可进一步征询对问卷设计和问卷调查的看法

设计正文部分的问题时，应做到两点：第一，问题设计应结构化；第二，问题的展现应有序排列，避免杂乱，见表 3—26。问题设计的结构化是指以理论为指导，从各维度系统地设计问题。例如，设计产业环境调查问卷时，可以以

PEST 理论为指导，将问题分为政治、经济、社会、技术四大类；设计企业环境调查问卷时，可以以波特五种力法为指导，将问题分为竞争对手、客户、供应者、潜在的进入者与替代产品五方面。创业指导人员在指导创业者设计问卷时，应注意难度的把握，不必太过于理论化、结构化，适用即可。

表 3—26　问卷问题排列依据

排列依据	说明
按问题的性质或类别排列	同一类别的问题放在一起以便进行量化分析
按问题复杂程度或困难程度排列	给被调查对象整齐有序的感觉，提高答案准确性
按问题的时间顺序排列	按时间顺序排列，保证问题的连贯性

同时，正文的问题可根据提问方式分为三类，见表 3—27。

表 3—27　问题的提问方式

类别	说明	举例
封闭式问题	在每个问题后面给出若干个选择答案，被调查对象只能在这些被选答案中选择	1. 你是否赞成小学生穿便服上学？ □赞成　　□不赞成
开放式问题	允许被调查对象用自己的话来回答问题	2. 你选择哪一种社团活动？为什么？ ______
混合式问题	结合封闭式问题与开放式问题	3. 你是否赞成小学生穿便服上学？ □赞成　　□不赞成 你赞成或不赞成的理由是： ______

通常，开放式问题得到的答案不利于资料统计分析，因此在调查问卷中不宜设计过多。

(2) 问卷分析

问卷分析是得出调查结论的关键环节，步骤见表 3—28。其中，编码就是对每一份问卷和问卷中的每一个问题、每一个答案编定一个唯一的代码（为了便于计算机录入和处理，一般编码都由 A，B，C，D，…等英文字母和 1，2，3，4，……等阿拉伯数字组成），并以此为依据对问卷进行数据处理。

编码有前编码与后编码之分。对于封闭式问题，其每个答案前的编号在问卷设计时就予以确定，叫前编码；而开放式问题的答案，则一般是在调查结束后根据答案的具体情况再编写代码，叫后编码。

表 3—28　问卷分析的步骤

步骤	说明
问卷编码	包括编定被调查对象的地址、类别和户的代码，调查完成情况的代码，调查员的代码。这些都是对问卷分类和处理的依据
问题编码	包括对问题的编码（如问题的编号）与对答案的编码（如 ABCD）。对开放式问题答案的编码一般在此时编定。对于创业者，开放式问题答案的编码如果显得较为困难，也可直接录入开放式问题答案，进行定性了解，而不作定量分析
录入统计	进行数据录入，统计时应将一些明显不合理的问卷数据排除 样本量少时，可以通过纸笔以平均数、频数等为标准进行统计。一般情况下，应学会使用 Excel、SPSS 等数据处理软件，以用计算机进行统计分析
分析总结	根据统计分析结果，分别进行定量与定性分析，并作出结论

小贴士

单选题、多选题与排序题在录入计算机时处理方式各不相同，需根据数据处理软件的要求提前进行处理，以免后期进行较为繁复的数据转换工作。

对于开放式问题的答案，如果可能的话可以按照含义相似的答案进行归类编码，转化为多选题进行分析；如果答案内容过于丰富，不易归类，就对这类问题直接做定性分析。

4. 注意事项

问卷调查法能在短时间内收集大量多因素实证资料，通过计算机在较短时间内完成统计分析，操作简单，是公认较实用的方法。为了正确使用问卷调查法，除前文所提到的样本量应较大，题量应较为适中外，创业指导人员还应指导创业者关注以下问题，见表3—29。

表3—29　问卷调查法的实施要点

序号	实施要点
1	做好前期准备，以确定问卷调查法的实施方式，以免浪费人力、物力、财力
2	明确调查分析的目的，按目的编制问卷，确保问卷结构合理，内容有效、全面
3	具体问题要有确定的内涵，用词要准确、易懂，不能有太多专业术语或缩写词，避免似是而非。例如，问卷中如出现“上级”一词，就会有不同的理解，在问卷中需要进行明确
4	在问卷分析前，对问卷进行必要的可信度、有效度检查，剔除无效问卷，确保问卷分析结果的科学性
5	在问卷分析时，对于因素之间的相关性与因果关系，需要仔细论证，切勿匆忙得出结论。结论不正确对创业者产生的误导有时是致命的

小贴士

可设置一些检验性问题，检验问卷回答的真实性。例如，问卷中问题较多时，可有意设置一些内容重复、甚至是一模一样的题目。根据被调查对象对这些问题回答的一致性判断问卷的真实性。

案例
多功能小桌校园推广问卷调查

随着人们生活水平的提高与生活方式的转变，越来越多的人喜欢在床上工作，随意伸缩的多功能小桌子得到广泛青睐。某简易床上小桌生产商发现商机，欲通过改良小桌子的功能获得更多市场需求，主要面对在校学生。现针对多功能小桌子的市场进行问卷调查。

1. 确定问卷调查的目的

调查学生群体是否需要多功能小桌子，需要哪些功能。

2. 确定问卷的目标群体

在校大学生。

3. 设计调查问卷

针对调查目的与目标群体设计以下调查问卷。

床上小桌需求情况调查

亲爱的同学：

十分感谢您抽出宝贵时间参与我们的问卷调查，本问卷的目的是为了解目前床上小桌的使用情况以及对床上小桌的诉求，以便对床上小桌进行改进，使之更能满足您的需求。本问卷采用匿名调查的方式，调查结果保密，请您放心填写。祝您学习、生活愉快！

请在下列选项中进行选择，并在题目后相应的括号内填写 ABCD。题目分为单选题（只选一个答案）、多选题（可选择多个答案），多选题有提示。

一、问卷内容

(1)（可多选）您一般在宿舍床上会做什么？（　　）

A. 睡觉　　B. 看书　　C. 聊天　　D. 使用电脑

(2) 您在床上看书或使用电脑一般采取什么方式？(例如放腿上等)

________________（请填写于横线上）

(3) 您是否在床上使用过如右图所示的小书桌？（　　）

A. 是　　B. 否

(4) 您如何看待此类小桌子的使用舒适度？（　　）

A. 非常满意，想继续使用

B. 感觉一般，凑合着用，但期待更好的产品

C. 很不舒适，根本不想再使用

(5)（可多选）您认为这类小桌子的缺陷在什么地方？（　　）

A. 笨重，搬上床不方便

B. 桌子质量太差，桌脚易坏

C. 设计不合理，长时间使用很不舒适

D. 功能太单一

(6)（可多选）如果有一款可以替代上述产品的多功能床上用桌，您希望它可以有什么功能？(　　)

A. 可放置折叠台灯　　B. 带多功能插座

C. 可腾出更多的地方抄写东西　　D. 可放水杯

E. 配底垫　　F. 桌腿合理设计，增加使用舒适度

您也可以写下您想要的其他功能：____________________

(7) 你希望上述电脑桌做成什么形状的呢？(　　)

A. 弧形　　B. 长方形

C. 请填写其他您想要的形状：__________

(8) 如果您选择购买这样的多功能床上桌，您考虑较多的是价格还是舒适度呢？(　　)

A. 价格　　B. 舒适度

(9) 这样一款多功能床上桌定价在哪一范围您比较乐意接受呢？(　　)

A. 60 元以下　　B. 60～100 元　　C. 100～150 元

(10) 如果您犹豫或不会购买此产品，最关键的原因是以下哪一个？(　　)

A. 没有需要　　B. 价格问题

C. 质量和服务问题　　D. 缺乏对产品的了解

二、被调查对象基本信息

学校：

年级：

性别：

对于您所提供的协助，我们表示诚挚的感谢！为了保证资料的完整与翔实，请您再翻阅一遍看看是否有错填、漏填的地方。谢谢！

4. 发放问卷

找一些勤工俭学的大学生先试填一下本问卷，然后以随机送发、现场填写的

方式进行调查，并进行回收。

5. 分析问卷

在组织问卷填写及回收之后，将题目编号与答案编号输入 excel，利用 excel 中数据透视功能进行统计分析。

五、数据分析

1. 定义

数据分析是指用适当的统计方法对收集来的大量数据进行分析，以求最大化地开发数据资料的功能，发挥数据的作用。数据也称观测值，是实验、测量、观察、调查等的结果，常以数量的形式展现。创业者通过对看似杂乱无章数据的分析与处理，往往能发现有用信息，有利于小微企业的决策。

数据分析可分为描述性数据分析、探索性数据分析以及验证性数据分析。描述性数据分析，是将研究中所得数据加以整理、归类、简化或绘制成图表，以描述和归纳数据的特征及变量之间的关系的一种基本的统计方法。由于在创业活动中所涉及的数据分析主要是描述性数据分析，因此创业指导人员与创业者应以掌握描述性数据分析为重点。

2. 适用情景

数据分析因其科学、直观的特点在创业指导过程（例如，可统计目前大多数创业者的背景，以期更好地进行指导）与创业过程中（例如，分析市场销量与人工成本的变动）有着大量的应用，但创业指导人员在进行数据分析，以及指导创业者进行数据分析时，需要注意数据分析本身存在的局限性，见表 3—30。

表 3—30　数据分析的优缺点

优点		局限	
科学性	以数学为基础，具有严密结构，程序规范，逻辑完整	片面性	对数据进行定量分析时，分析维度往往不可能全面系统

续表

优点		局限	
直观性	从现实情境中收集各种错综复杂的数据，通过浅显量化的数字及简明的图表表现出来	易错性	数据分析结果的质量依赖于数据本身、方法选择及分析人的素质，选择不当易得出错误结论
可重复性	可在相同的条件下进行重复，能对研究结果进行验证。	误差性	采用统计分析的方法时，其实质是从样本推断总体，因而结论的误差性难以避免。创业指导人员在指导创业者时请注意这一点

3. 操作步骤

数据分析的操作步骤一般分为六步，如图 3—8 所示。

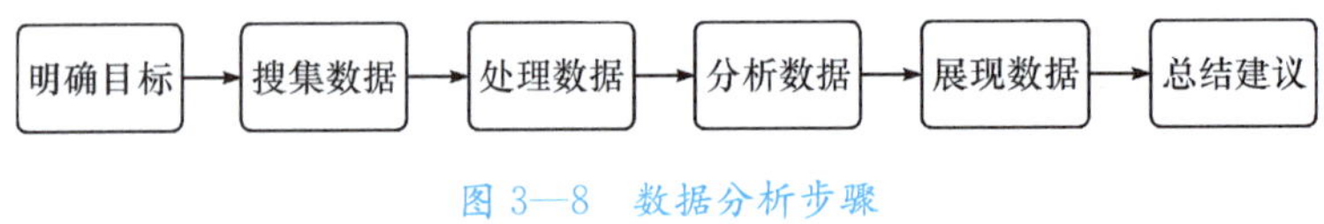

图 3—8　数据分析步骤

(1) 明确目标

明确数据分析的目标是确保数据分析过程有效进行的先决条件。创业指导人员指导创业者进行数据分析时，首先需要明确创业者想要解决什么问题（例如，是市场占有率问题，还是客户需求问题；是和竞争对手作横向比较，还是回顾自身发展作纵向比较），接下来，才能确定搜集数据、处理数据与分析数据的方向。

(2) 搜集数据

准确有效地搜集数据才能客观而全面地反映所要研究问题的真实情况。根据数据来源可将数据分为间接数据（见表 3—31）和直接数据两种。

表 3—31　间接数据的主要来源

序号	间接数据主要来源
1	统计部门和政府其他部门公开出版或没有公开的各类资料，比如统计年鉴、人口统计、工业经济统计等年鉴
2	政府部门网站，商务部、财务部、统计局网站等

续表

序号	间接数据主要来源
3	专业的电子数据库
4	民间调查机构提供的商业数据
5	企业自有的业务资料、经营活动过程中的统计报表、各种财务、会计核算资料等

间接数据的搜集的可依赖网络查询、图书馆查阅等实现；而直接数据的获取通常需要创业指导人员指导创业者进行实地调研，见表3—32。

表3—32　搜集直接数据的主要方法

来源	说明
现场观察法	现场观察法是观察者带有明确目的到观察现场，借助人的视觉、听觉或者录音、录像设备，对调查对象进行直接观察（并进行记录）而获得信息资料的一种收集方法，又称为直接观察法
访谈法	访谈法是有目的、有计划、有方向地运用交谈方式向被访者了解问题的一种统计资料收集方法
问卷调查法	问卷调查法又称问卷法，是调查者运用统一设计的问卷向被选取的调查对象了解情况或搜寻信息的调查方法

(3) 处理数据

处理数据是指对搜集到的数据进行加工，使之符合数据分析的要求，是分析数据前必不可少的阶段。处理数据一般需要经过三个步骤，见表3—33。

表3—33　处理数据的步骤

步骤	说明
第一步　转化数据（编码）	将搜集到的信息进行编码，转化为计算机可以处理的数据类型，并录入汇总。一般而言，常用的数据类型有数字、文字、日期三类 将中间数据转化为最终计算数据，例如根据产品上市日期转化为现已上市年限

续表

步骤	说明
第二步　筛选数据	首先把明显不合理的数据进行标记，在后续的数据分析中不予考虑，例如，在问卷调查中把单选题当成多选题进行填答的数据 接下来，根据分析要求，选出本次欲计算或分析的数据，例如，筛选出男性顾客而非所有顾客以便计算男性顾客对某品牌的认知程度
第三步　计算数据	根据数据分析的目标对现有的数据进行统计运算，或分组后再进行统计运算，为数据分析打下基础

在数据计算中，经常用到的术语见表3—34。

表3—34　数据分析中常用术语

术语	说明
平均数	指一组数据的算术平均值，即全部数据累加后除以数据个数。平均数将总体内各单位的数量差异抽象化，代表总体的一般水平，掩盖了总体内各单位的差异
绝对数与相对数	绝对数是反映客观现象总体在一定时间、地点条件下的总规模、总水平的综合指标；相对数是指由两个有联系的指标对比计算而得到的数值，用以反映客观现象之间数量联系程度的综合指标，基本公式是： 相对数＝比较数值（比数）/基础数值（基数）
百分比与百分点	百分比是相对数中的一种，它表示一个数是另一个数的百分之几，也称百分率或百分数；百分点是指以百分数的形式表示的相对指标的变动幅度，1个百分点＝1%
频数与频率	频数是指一组数据中个别数据重复出现的次数，是一个绝对数；频率是每组类别次数与总次数的比值，它代表某类别在总体中出现的频繁程度，一般采用百分数表示，所有组的频率加总等于100%，频率是一个相对数
比例与比率	比例是指在总体中各部分的数值占全部数值的比重，通常反映总体的构成和结构；比率是指不同类别数值的对比，它反映的不是部分与整体之间的关系，而是一个整体中各部分之间的关系（比值）

续表

术语	说明
倍数与番数	倍数是一个数除以另一个数所得的商；番数是指原来数量的 2 的 N 次方倍，如翻一番为原来数量的 2 倍，翻两番为原来数量的 4 倍
同比与环比	同比是指与历史同时期进行比较得到的数值；环比是指与前一个统计期进行比较得到的数值。例如，本年 12 月的数值与去年 12 月的数值比就是同比，与本年 11 月的数值比就是环比

(4) 分析数据

对数据进行分析的方法有很多，创业指导人员与创业者可以重点掌握表 3—35 所列的几种方法。

表 3—35　分析数据常用方法

方法	定义	说明（公式或步骤）	实践运用
对比分析法	指将两个或两个以上的数据进行比较，分析它们的差异，从而揭示这些数据所代表的事物发展变化情况和规律性	比较结果可用绝对数进行表示，也可用相对数进行表示	1. 与目标对比 2. 不同时期对比 3. 同级部门、单位、地区对比 4. 行业内对比 5. 活动前后效果对比
分组分析法	指根据数据分析对象的特征，按照一定的标准，把数据分析对象划分为不同的部分和类型进行研究	一般采用等距分组，如果数据分布很不均匀，则可以采用不等距分组	1. 把性质相同的对象分为一组，保持各组内对象属性的一致性、组与组之间属性的差异性 2. 分析组与组之间的内在差异、联系与规律性
结构分析法	指将被分析研究总体内各部分与总体之间进行对比分析	结构相对指标（比例）公式： $\frac{总体某部分的数值}{总体总量} \times 100\%$	对于小微企业而言，外部可用于分析某区域市场占有率，内部可用于分析各产品或服务的贡献率

续表

方法	定义	说明（公式或步骤）	实践运用
平均分析法	指运用计算平均数的方法来反映总体在一定时间、地点条件下某一数量特征的一般水平	$算术平均值=\frac{总体各单位数值的总和}{总体单位个数}$（平均指标还有调和平均数、几何平均数、众数和中位数等）	对于小微企业而言，可应用于计算平均营业收入、平均人工成本等

以上方法大都是以单个指标对事物进行分析与评价的，而在创业过程中，经常碰到的情形是需要多维度、多指标地对事物进行评价，这时需要采用综合评价分析方法。

1）综合评价分析方法。综合评价分析主要有 5 个步骤，见表 3—36。

表 3—36　综合评价分析步骤

步骤	说明
第一步	确定综合评价指标体系
第二步	收集数据，对不同计量单位的指标数据进行标准化处理
第三步	确定指标体系中各指标的权重
第四步	汇总计算出综合评价分值
第五步	根据分值排序，得出结论

其中数据标准化是指去除数据的单位限制，将其转化为无量纲的纯数值，便于对不同单位或量级的指标进行比较和加权，常用的有 0－1 标准化和 Z 标准化。创业指导人员与创业者掌握 0－1 标准化即可，公式为：

$$第\ N\ 个经标准化处理的值=\frac{第\ N\ 个原始值-最小值}{最大值-最小值}$$

2）杜邦分析法。对于创业指导人员与创业者而言，还需要掌握一种财务数据分析方法，即杜邦分析法。它是利用各主要财务指标间的内在联系，对企业财务状况及经济效益进行综合分析评价的方法，如图 3—9 所示。

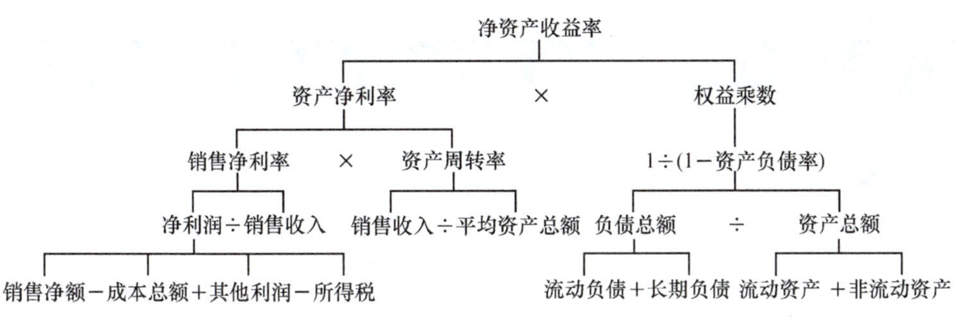

图 3—9　杜邦分析法

由此法，创业指导人员可以指导创业者通过扩大销售、节约成本、优化投资配置、加速资金周转、优化资金结构等来提高利润。

(5) 展现数据

绘制图表有利于提高数据的可理解度与信息传递效力。将数字转化为图表，并不单单是绘制一些图形或插图，而是为了通过绘制的这些图形去理解数据背后的事物。通过对图表中数据、图形的字体或颜色等信息的特别设置，可以有效地传递信息，使沟通交流的有效性显著提高。

图表种类很多，包括饼图、柱形图、条形图、折线图、面积图、气泡图等，不同种类的图表适用于不同情形，见表 3—37。

表 3—37　图表使用建议

类型	使用情况	适用类型	图表实例
饼图	• 仅有一个要绘制的数据系列 • 要绘制的数值没有负值 • 要绘制的数值几乎没有零值 • 类别数目无限制，但最好不要超过 7 项 • 各类别分别代表整个饼图的一部分 • 各个部分需要标注百分比	成分分析	3% 8% 17% 49% 23%

续表

类型	使用情况	适用类型	图表实例
柱形图	•柱形图用于显示一段时间内的数据变化或显示各项之间的比较情况 •在柱形图中，通常沿水平轴组织类别，而沿垂直轴组织数值	成分分析 对比分析 时间序列 频率分布 标准比较	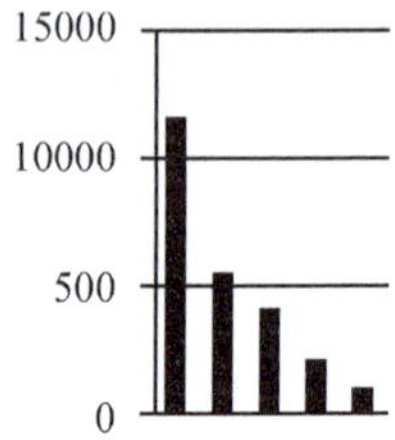
条形图	•轴标签过长时，建议用条形图代替柱形图	成分分析 对比分析 相关性分析 标准比较	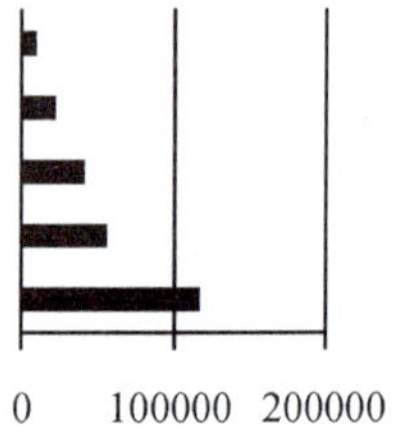
折线图	•折线图可以显示随时间变化而变化的连续数据，因此非常适用于显示在相等时间间隔下数据变化的趋势 •在折线图中，类别数据沿水平轴均匀分布，所有值数据沿垂直轴均匀分布	对比分析 时间序列 频率分布	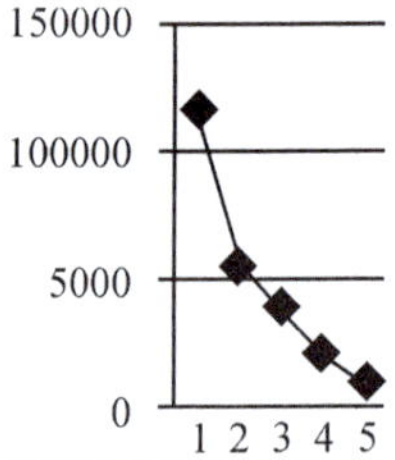
面积图	•面积图强调数量随时间而变化的程度，也可用于引起人们对总值趋势的注意 •通过显示所绘制的值的总和，面积图还可以显示部分与整体的关系	对比分析	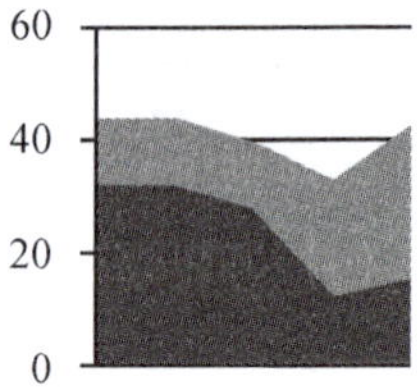
气泡图	•用于对成组的三个数值进行比较，每组数据中第三个数值确定气泡数据点的大小	对比分析 相关分析	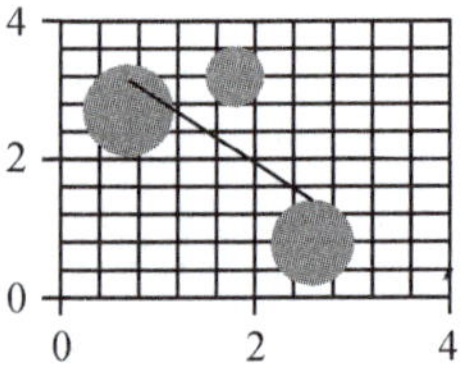

(6) 总结决策

通过前五步操作，数据分析很直观地将数据中的一些关系展现出来，将原本杂乱的数据转化为条理有序、逻辑清晰的信息，创业指导人员与创业者可依此作出有针对性、操作性、战略性的决策。在此基础上，也可以进一步撰写数据分析报告，包括数据的搜集、处理、分析的描述及结果的展现与结论建议等方面。

4. 注意事项

数据分析是一项重要而严肃的工作，它对决策的重要性不言而喻，所以创业指导人员在指导创业者做统计分析时必须认真、谨慎，数据分析注意事项见表3—38。

表 3—38 数据分析注意事项

注意事项	说明
实事求是	事实是决策的基础，创业指导人员在指导创业者进行数据分析时，不能为了达到心理预期而对数据进行人为修改或忽略某一类数据
随机抽样	很多数据统计分析的前提是样本为随机抽样，以避免造成统计分析结果的偏差，创业指导人员在指导创业者做数据分析时要特别注意这一点。例如，调查顾客对产品的满意度，不能只找某一年龄段或某一片区的顾客进行访谈或问卷调查
明确目标	由于可采用多种维度进行分析，所以提前确定研究目的显得尤为必要。创业指导人员或创业者需有预见性、敏感性，善于从数据不同角度进行比较，围绕问题的重点，结合实际情况进行分析，得出结论
善用方法	数据分析方法多种多样，要善于运用，除了一些常规方法外，如有条件，还可利用计算机模型等工具，提高数据分析的深度和预见性

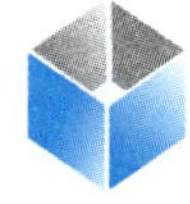

案例

刘闯 2006 年准备进入外贸行业，此时，为了判断行业的走势，他从国家相关政务网站上搜集了我国 2001—2005 年外贸货物进出口总额资料（见表 3—39）。

表 3—39　我国 2001—2005 年货物进出口额的变化趋势　单位：人民币亿元

年份	2001	2002	2003	2004	2005
货物进出口总额	42183.6	51378.2	70483.5	95539.1	116921.8
出口总额	22024.4	26947.9	36287.9	49103.3	62648.1
进口总额	20159.2	24430.3	34195.6	46435.8	54273.7

获得该资料后，刘闯将该数据输入计算机中，并利用 Excel 软件（以 2003 版为例）的功能绘制折线图来了解我国近年来货物进出口额的变化趋势。

第 1 步：资料输入工作表后，选择“插入”菜单中的“图表”命令。

第 2 步：在“图表类型”列表框中选择“折线图”，然后在“子图表类型”列表框中选择“数据点折线图”，如图 3—10 所示。然后单击“下一步”按钮，打开“源数据”对话框。

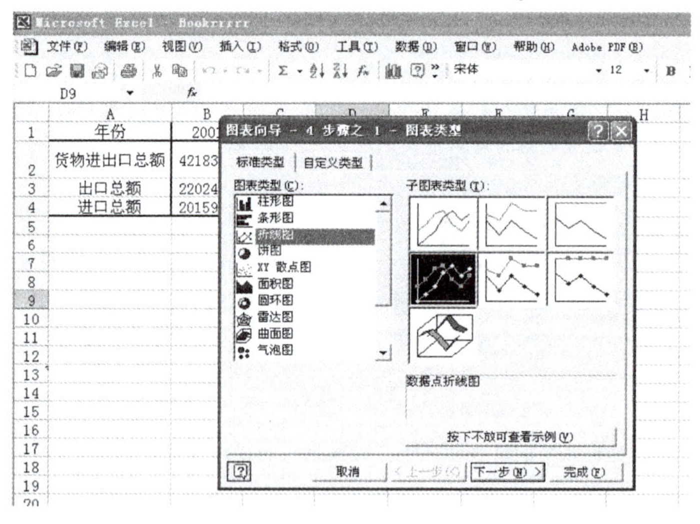

图 3—10　“图表类型”对话框

第 3 步：在“源数据”对话框中的“数据区域”选项卡中输入相关资料（可用鼠标点击并框定数据区域）。再在“系列”选项卡的“分类（X）轴标志”区域输入年份区域，如图 3—11 所示。

第 4 步：资料输入后，单击“下一步”按钮，进入“图表选项”对话框，分别在“标题”“坐标轴”“网格线”“图例”“数据标志”和“数据表”等选项卡中

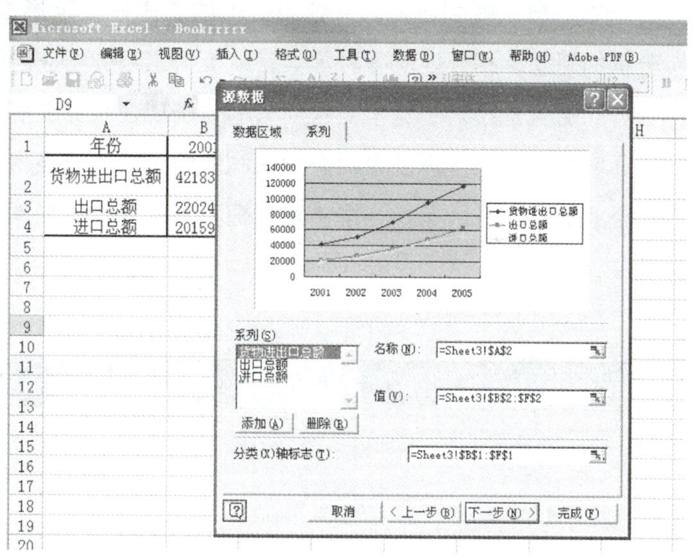

图 3—11　“源数据”对话框

进行设置。最后单击“完成”按钮，就在工作表中得到折线图，如图 3—12 所示。

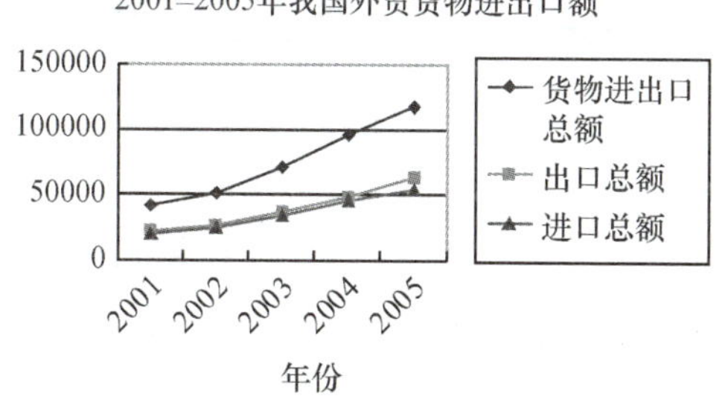

图 3—12　折线图

六、SWOT 分析法

1. 定义

SWOT 分析法是战略管理中环境分析的常用方法，它将企业内部环境的优势（Strengths）和劣势（Weaknesses）、外部环境的机会（Opportunities）和威胁

(Threats)，通过调查、分析罗列出来，并依照一定的次序按一定形式排列起来，然后运用系统分析的思想，相互匹配各种因素，从而得出系列相应的结论。

企业内部优势和劣势是相对于竞争对手而言的，表现在企业的各种资源和能力上；企业外部环境的机会是指环境中对企业有利的因素，如新技术的发明带来的成本降低等；企业的外部威胁是指环境中对企业不利的因素，如新的竞争对手的出现等。SWOT 分析的典型格式见表 3—40。

表 3—40　SWOT 分析的典型格式

优势（Strengths）（本身强）	劣势（Weaknesses）（竞争对手强）
生产 销售 人力 研发+技术 财务+投资+税收 法律 商业模式 政府公关	生产 销售 人力 研发+技术 财务+投资+税收 法律 商业模式 政府公关
机会（Opportunities）（有利）	**威胁（Threats）（不利）**
社会 科技 经济 环境 政治 法律 道德 上游供货商 下游买家	社会 科技 经济 环境 政治 法律 道德 上游供货商 下游买家

2. 适用情景

SWOT 是企业战略规划和竞争分析的经典工具，对于小微企业而言，在项目选择、竞争对手分析、策略选择等场合该方法应用更多。该分析法的主要优点与局限性见表 3—41。

表 3—41　SWOT 分析法的优点与局限性

优点	局限性
1. 结构化，形式上为结构矩阵，单一维度分析时也可应用 PEST 等结构化分析方法 2. 系统化，SWOT 分析法利用系统的思想将涉及企业内部的优势、劣势，外部机会、威胁这些似乎独立的因素互相匹配起来进行综合分析，使企业战略计划的制订更具科学性和合理性 3. 工具本身简单直观但内涵丰富宽泛，根据不同需要，创业者利用该工具既可通过粗略分析明确大致的方向，也可通过深度调查研究而得出翔实可靠的依据和明晰的结论	1. 这种方法没有考虑到企业改变现状的主动性，企业可以通过寻找新的资源来创造企业所需要的优势，从而达到过去无法达成的战略目标 2. 这是一种相对静态而以定性分析为主的方法，难有判别优势、劣势、威胁和机会的客观标准。该法的最终运用效果取决于分析者对企业及其所处环境的认知程度 3. 优势与劣势的区分割裂了内部情况的连续统一，而机会与威胁的区分不能反映同一事件的利害两面性

3. 操作步骤

(1) 分析环境因素，确认外部机会与威胁，检视企业内部优势、劣势

运用各种调查研究方法，分析出企业所处的各种环境因素，其中对于外部环境与威胁的分析，可以按 PEST 分析法或波特五种力分析法（指供应商的议价能力、购买者的议价能力、潜在竞争者进入的能力、替代品的替代能力、行业内竞争者现在的竞争能力），而在做优势、劣势分析时必须从整个价值链的每个环节上，将企业与竞争对手做详细的对比。

小贴士

PEST 分析法：是指宏观环境的分析，宏观环境又称一般环境，是指影响一切行业和企业的各种宏观力量。对宏观环境因素做分析，不同行业和企业根据自身特点和经营需要，分析的具体内容会有差异，但一般都应对政治（Political）、经济（Economic）、技术（Technological）和社会（Social）这四大类影响企业的主要外部环境因素进行分析。

企业 SWOT 分析各要素示例见表 3—42。

表 3—42　企业 SWOT 分析各要素示例

优势	劣势	机会	威胁
有利的战略 专利技术 成本优势 产品创新技能 优质客户服务 优秀产品质量 ……	没有明确的发展目标 高额成本 缺少关键技能能力 落后的研发能力 过分狭窄的产品组合 市场规划能力的缺乏 ……	服务独特的客户群 新的地理区域 产品组合的扩张 分享竞争对手的市场资源 竞争对手的支持 新技术开发通路 ……	强势竞争者的进入 替代品的威胁 商业周期的影响 客户和供应商力量增强 消费者购买需求的下降 人口与环境的变化 ……

(2) 构造 SWOT 矩阵

将调查得出的各种因素根据重要程度或影响程度进行排序，构造 SWOT 矩阵，即建构一个表格，每个因素占 1/4，把企业的优势和劣势、机会和威胁分别配对放在每个格子中。在此过程中，将那些对企业发展有直接的、重要的、久远的影响因素优先排列出来，而将那些间接的、次要的、短暂的影响因素排列在后面。

利用 SWOT 分析架构，将企业 S、W、O、T 四项因素进行配对，即可得到 2×2策略形态，见表 3—43。

表 3—43　SWOT 分析 2×2 策略形态

		内部因素	
		列出内部强势（S）	列出内部弱势（W）
外部因素	列出外部机会（O）	SO：最大与最大策略	WO：最小与最大策略
	列出外部威胁（T）	ST：最大与最小策略	WT：最小与最小策略

SO 策略表示使用强势并利用机会，即为最大与最大策略；

WO 策略表示克服弱势并利用机会，即为最小与最大策略；

ST 策略表示使用强势且避免威胁，即为最大与最小策略；

WT 策略表示减少弱势并避免威胁，即为最小与最小策略。

(3) 进行策略选择，制订行动计划

在完成环境因素分析和 SWOT 矩阵构造后，创业指导人员便可指导创业者制定相应的行动计划。制定计划的基本思路是：发挥优势因素，克服弱点因素，利用机会因素，化解威胁因素；考虑过去，立足当前，着眼未来。运用系统分析的综合分析方法，将排列与考虑的各种环境因素相互匹配并加以组合，得出一系列适合企业未来发展的可选择对策。

小贴士

在SWOT分析之后，创业指导人员可采用USED技巧得出解决方案，USED是下列四个方向的重点缩写，“用、停、成、御”——如何善用每个优势？如何停止每个劣势？如何成就每个机会？如何抵御每个威胁？采用这种思路，而不局限于这四个方向，有助于创业指导人员有效利用SWOT分析结果，得出创办、改善企业的行动方案。

4. 注意事项

如今，SWOT分析法已被广泛应用于各行各业，作为一种有效的评估方法，它是了解企业本身的优势、劣势、机会和威胁的重要理论工具，可根据环境的变化来调整企业的策略和资源，以实现企业的发展目标。但是要想卓有成效地使用这一工具，创业指导人员在指导创业者进行SWOT分析中应遵守以下规则：

(1) 必须对企业的优势与劣势有客观的认识，必须与竞争对手进行比较。

(2) 必须区分企业的现状与前景，考虑全面。

(3) SWOT分析仅仅是一个方向框架，需要有其他的理论和模型用于识别优势和劣势、机会和威胁。

(4) 在战略管理或决策中，SWOT分析不该是孤立的，它是对现状产生原因的分析，因此应结合达到未来战略目标或阶段目标所需要满足的条件进行分析。

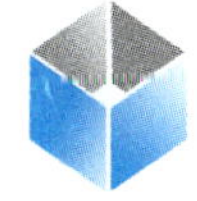

案例
北京某品牌火锅

沿着北京某大街一直向北，进入某胡同，有一家火锅店。走进这家不大的火锅店，座无虚席，四周是手绘墙、写满老北京话的墙、奖状墙，身着菜单T恤的热情洋溢的服务员……在火锅行业竞争非常激烈的今天，该品牌火锅的成功出人意料又似乎在情理之中。下面用SWOT分析法对该品牌火锅项目进行分析：

(1) 分析环境因素：分别确认优势、劣势、机会和威胁，见表3—44。

表 3—44 北京某品牌火锅店 SWOT 环境因素

优势	劣势	机会	威胁
创业伊始便定位明确：主要针对 80 后；融合火锅与麻辣烫制成串串香，吃法独特；价格优势，满足目标客户和消费需求；个性化、人性化的亲切就餐环境，满足 80 后诉求；非常好的品牌形象和高美誉度；优质客户服务；口味独特，口感好，优质的食品质量；店内设计、菜品及名称等因时尚创新而吸引人	店面位置偏僻；请合适的厨师非常难；火锅底料、腌制等技术掌握在厨师手里，创业者缺乏相关技术；店面小，服务有时跟不上	某大型商圈在附近，逛街的大都是年轻人，爱吃麻辣烫，爱吃火锅，有广阔市场；大环境对创业的支持；80 后这一特殊人群的心理诉求	竞争者多，竞争激烈；可模仿性强；各种原材料价格的上涨，成本上升

（2）构造 SWOT 矩阵，见表 3—45。

表 3—45 北京某品牌火锅店 SWOT 矩阵

内部因素 / 外部因素	优势（S） 定位明确；口味独特、价格便宜；环境好、服务个性化且周到；品牌形象好、美誉度高	劣势（W） 店面小且地理位置偏僻；合适的厨师非常难请；底料、菜品的独特技术不掌握在创业者手中
机会（O） 需求大，市场广阔；创业支持	SO：最大与最大策略 利用好吃、价格低，以满足 80 后个性化需求切入点，扩大市场，赢得更广阔的利润空间	WO：最小与最大策略 创业者自身不断学习、创新，研制更适合本地需要的火锅，以个性化、低成本抢占市场

续表

威胁（T） 竞争者多、竞争激烈；可模仿性、可替代性；原料成本	ST：最大与最小策略 最大程度体现差异化，更快速度抢占市场，使本店在竞争者中处于更加有力的地位	WT：最小与最小策略 先在小范围内打响知名度，利用回头客与市场赞誉不断为自己打开更广阔市场

（3）参照SWOT定位分析图，进行策略选择，制订行动计划

通过以上分析，创业者很明确，要想获得成功或将这样良好的成绩继续下去，要做好以下方面：

一如既往地发挥小火锅店独特的环境设计、口感、菜品设计等，热情、周到、温暖、贴心的个性化服务在为顾客带去便利的同时更让顾客有一种归属感，让顾客愿意来到小火锅店聚一聚。

克服小店地理位置偏僻的问题，用一定策略吸引顾客心甘情愿地钻进胡同到这里吃饭。不断尝试、不断创新，开发出适合不同地域、不同季节、不同时间段的口味和菜品。

利用大环境对创业者的支持，加上附近商业圈的强大人气，吸引更多消费者前来光顾，并形成回头客、老客户。

用好差异化策略，从内而外让小店与众不同，化解来自其他火锅店的威胁；定价上可考虑更多不同的策略，而不是不管荤素统一五角一串这种简单定价法。

1. 搜索技巧

使用搜索引擎时常用的搜索技巧见表3—46与表3—47。

表 3—46　搜索技巧

技巧	操作方式	案例
选择恰当的查询词	输入的查询词表述准确，且是对搜索主题的提炼	例：创业者在搜索关于薪酬管理的相关资料的时，可输入关键词“薪酬管理”。切忌输入错别字
使用特定的操作符	见表 3—47	例：找以营销为主题的论文就可以搜索　intitle：营销
查询能完全确定关键词的资料	要搜索的资料不能完全确定关键词的，可以尽量设定限定条件，以便缩小搜索范围	例：要搜索多年未见的老同学的资料，可通过输入名字、网名、微博名等，也可输入手头有的信息，如曾就读的学校等
进入相关网站	创业者如果要搜索某类型产品的信息，可直接进入该公司的网站进行查询	例：搜索某品牌的 MP3 的播放器则可输入：“mp3 播放器 site：www.xxx.com（某品牌的网站）”或直接进入相关官方网站

表 3—47　特定操作符的搜索技巧

操作符	用途	用法
site：	限制所进行的搜索在指定的域名或网站内	site：网址
intitle：	限制搜索的词语是网页标题中包含的关键词	intitle：关键词
allintitle：	限制搜索的词语是网页标题中包含的关键词（可使用多个关键词）	allintitle：关键词 1 关键词 2
filetype：	限制所搜索的文件为一个特定的格式	filetype：文件格式
intext：	限制搜索的词语是网页内文包含的关键词	intext：关键词

续表

操作符	用途	用法
allintext:	限制搜索的词语是网页内文包含的关键词（可使用多个关键词）	allintext：关键词 1 关键词 2
allinanchor:	限制搜索的词语是网页中链接内包含的关键词（可使用多个关键词）	allinanchor：关键词 1 关键词 2

2. 价值链

战略管理学家迈克尔·波特按照产品生产的价值形成和创造过程——价值链，把资源的开发和利用活动分成两大类，即基本活动和支持活动，如图 3—13 所示。

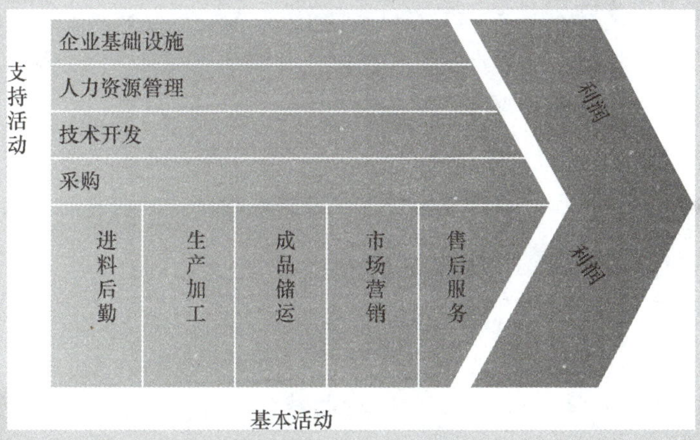

图 3—13　价值链

(1) 基本活动

基本活动一般可以细分为五种活动，而每一种活动可以根据具体的行业和企业的战略，再进一步细分成若干项活动。

1）进料后勤。指与接收、存储和分配相关联的各种活动，如原材料搬运、仓储、库存控制、车辆调度和向供应商退货。

2）生产加工。指将投入转换成最终产品的活动，如机加工、装配、包装、设备维修、检测等。

3）成品储运。指与产品的库存、分送有关的活动，如最终产品的入库、接收订单、送货等。

4）市场营销。指促进和引导购买者购买企业产品的活动，如广告、定价、销售渠道等。

5）售后服务。指与保持或提高产品价值有关的活动，如培训、修理、零部件的供应和产品的调试等。

行业不同，价值链的关键环节也会有差异，例如，对于分销商来说，原料供应与成品储运是最重要的活动；对于一个从事商业服务活动的企业来说，成品储运是关键的要素；而对于生产高速复印机的企业来说，售后服务是最为重要的活动。

（2）支持活动

支持活动一般可以分为四种活动，而每一种活动可依行业不同进一步细分成若干项独具特色的活动。

1）采购。指采购企业所需投入品的职能，而不是被采购的投入品本身。这里的采购是广义的，既包括生产原材料的采购，也包括其他资源投入的采购管理。

2）技术开发。指可以改进企业产品和工序的技术活动。这是一个广义的概念，既包括生产性技术，也包括非生产性技术。

3）人力资源管理。指企业职工的招聘、雇用、培训、提拔和退休等各项管理活动。这些活动支持着企业中的各项主体活动以及整个价值链。

4）企业基础设施。指企业的组织结构、控制系统以及文化等活动。由于企业高层管理人员能在企业的这些方面发挥重要的作用，因此，高层管理人员往往也被视作基础设施的一部分。

思考与练习

1. 请用头脑风暴的方法找出与所指导的某个企业利益相关的群体，并分析他们与企业的关系（可一个人进行头脑风暴，也可组织头脑风暴会议进行讨论）。
2. 请用网络搜索的方法找到目前市场上最大的五个团购网站，并分析团购网站的发展趋势。
3. 最近小张的产品销路不好，他想拜访一个行业内的营销专家，请帮他事先拟出一个访谈提纲。
4. 小王想把自己家里朝街的一个房间改成门面，经营服装生意，但朋友说镇上的服装店已经比较多了，如果不做出一些特色来，很难做下去。因此她想事先做一个问卷调查，请帮她设计一个调查问卷，并考虑如何发放、回收，并进行统计。
5. 请以所指导的某个公司为例，分析其哪个产品的利润最高，哪个产品的利润率最高。
6. 请对自己所指导的某个项目做出 SWOT 分析。

模块四　创业指导的服务内容

CHUANGYE ZHIDAO DE FUWU NEIRONG

创业指导人员是为指导对象提供创业方面的服务。但创业指导人员可以为指导对象提供哪些具体的服务内容呢？这些具体的服务工作如何操作呢？创业指导人员需要与创业者建立怎样的指导关系呢？怎么操作才算做好创业指导工作呢？可以通过下面的案例先了解一下。

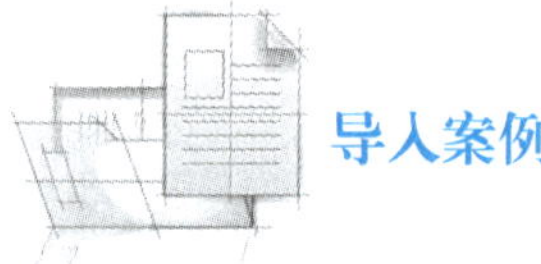

导入案例

小王家住重庆市北部新区，是一名对创业很有激情的青年。由于长年在餐厅打工，她积累了很多烹饪技巧也摸索了营业方面的经验。在回家生完孩子后，她不准备再出去奔波打工，她想创办自己的企业，既可以照顾家里，又可以赚钱谋生。2012 年年初，她用多年来打工的积蓄，以及从父母、亲戚、朋友处借来的钱，准备开一间属于自己的小餐馆。前期她在选址方面做了市场调查，确定了餐厅类型，把目标定在中低消费水平者。于是，她准备把小餐馆开在政府划地作为安置房的小区附近，因为那里人口密度大，中低消费水平者很多，他们刚好是小餐馆的消费对象。但是，在去了当地街道办事处询问之后，他们说是政府划地，需要直接向上面申请，经过多次碰壁，得到的答案却是，安置房周围的商铺只能租给当地的特困户，也就是说，她不能在这周围开商铺。出师不利并没有让小王气馁，又经过多次实地考察，她看中了一处离家比较近，人流量也比较大的地方，但是不知道此处会不会也有一些特殊的政策要求。忙乱的摸索让小王疲乏无助，她很想知道像她这类人员在创业上能有什么政策扶持？还有谁能教会她如何正确地选择和评估创业项目？她现在需要得到一些创业培训方面的指导，听说现在政府还有扶持创业的孵化园，她可不可以得到政府的支持？还要在创业前做好哪些必须、必要的事情？她不知道该到哪里寻求帮助和支持，她真的很希望有人能给她一盏明灯，指出一条出路。

案例启示

在中国有很多像小王这样的创业者，他们都有着自主创业改变未来的梦想，他们希望用有限的创业资金创办一个属于自己的小企业，面对创业的风险他们非常谨慎，因为他们知道，自己辛辛苦苦挣来的血汗钱可能会随着创业的失败而打了水漂。于是，他们渴望谁能帮助指导一下自己，避免他们在创业过程中犯下不可挽回的错误。富有经验的创业指导人员是一群能够为创业者开办和经营企业提供创业指导的专业人士，通过向创业者提供接待咨询、项目指导、培训、孵化以及创业准备指导等服务，帮助创业者提高应对创业风险的能力，最终实现创业梦想。

第一单元　咨询服务

学习要点一　接待咨询

一、接待咨询的方式

在创业指导过程中，创业指导人员对创业者的指导有多个环节和方式，如现场接待、个人指导、电话答疑、网络咨询，具体见表4—1。

表4—1　接待咨询的方式列表

方式	内容和说明
现场接待	在公共创业服务机构的创业指导人员要了解指导对象的基本情况，要熟悉相关的政策和业务流程、相关服务项目的分类和要求，并指导创业者填写各类申请指导的登记表格，引导创业者完成现场的接待工作
个人指导	创业指导人员一对一地对创业者进行指导
电话答疑	电话答疑需要相对安静的场所，外部干扰少，有合适的记录和查找资料的硬件设施，并可提供便携通话用耳麦
网络咨询	在创业指导过程中，很多创业者会选择通过一些网络软件工具与创业指导人员在网上沟通，比如使用QQ、微信等文字、语音、视频通信软件或者使用e-mail电子邮件发送和接收邮件

二、接待咨询的流程

接待咨询的流程如图4—1所示。

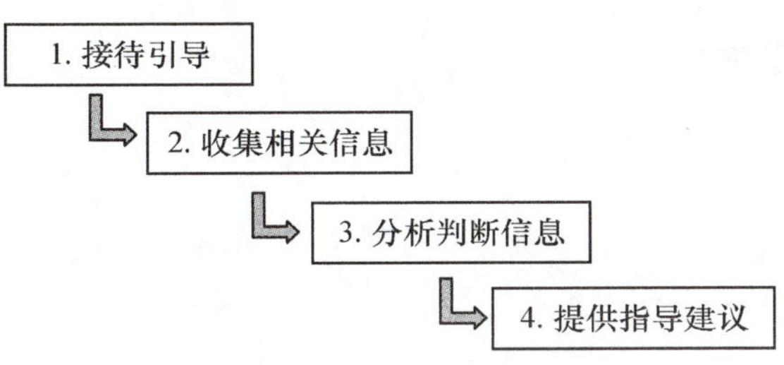

图 4—1　接待咨询流程图

1. 接待引导

引导创业者到相关服务窗口并介绍服务内容。

2. 收集相关信息

采集和整理创业者咨询信息。

3. 分析判断信息

(1) 对服务对象的个性特质、创业能力、创业资源进行测评，形成书面测评报告。一对一地分析测评报告，提出相应建议。

(2) 建立测评档案。

4. 提供指导建议

(1) 提供国家和地方出台的现行市场准入、税费减免、小额贷款、培训补贴、社保补贴等创业优惠扶持政策等的解答和咨询。

(2) 根据创业者具体情况预约相关专家。

(3) 向创业者提供中小企业战略、财务管理、市场营销、人力资源、生产管理等咨询，并做出企业问题诊断。

(4) 如需讲一步了解相关信息，可以组织现场调研，撰写调研报告。

(5) 指导创业者分析并完成企业问题解决方案。

相关知识链接

创业指导中的有效沟通

创业指导中有效沟通的步骤见表 4—2。

表 4—2 创业指导中有效沟通的步骤

环境	内容和说明
提前准备	准备指导相关的使用工具和资料，选择合适的指导场所，初步拟定指导的步骤和过程，预测可能遇到的异议和争执。初步沟通，与被指导对象建立良好的沟通氛围，建立起基本的信任感
了解需求	通过倾听、提问和记录被指导对象所述内容，了解被指导对象在创业或企业经营中存在的现象和问题。在沟通中及时反馈和确认信息，与被指导对象交流和探讨现象和问题，寻找问题出现的原因和曾经采取的解决措施和效果
提供建议	将收集的信息进行整理和分析，总结出建议的内容和操作步骤。将自己的建议清晰地表达给对方，并与被指导对象共同探讨建议是否妥当。对于被指导对象所提供的信息不全面的情况，建议被指导对象收集和整理相关的信息和数据后再进行二次的指导服务
处理异议	对于提供给被指导对象的建议，创业指导人员要建议和鼓励被指导对象提出疑问和问题，通过探讨确定建议的合理性和可行性
改进计划	创业指导人员辅助被指导对象制订创业或企业改进实施计划，并确立实施时限和实施者
指导实施	创业指导人员根据被指导对象的改进实施计划，进行落实性沟通，记录实施信息以及实现的结果和效果。创业指导人员可以根据需要修改和调整，甚至重新制订被指导对象的改善计划和实施步骤

学习要点二　政策咨询

一、常用创业相关政策

为了支持全民创业，国家十几年来陆续出台了一系列扶持小微企业的政策。各省、地方也根据各地的情况配套出台了众多的创业扶持政策。创业政策的常见分类见表 4—3。

表 4—3　创业政策的常见分类

项目	内容和说明
企业开办支持政策	国家针对不同群体创业者开办的企业制定的相关政策 新创企业在注册方面的相关政策包括注册资金、出资方式、经营范围等
创业资金扶持政策	各地政府为了扶持创业者，对初期创业者给予一定额度小额贴息或低息贷款，为创业初期的小微企业提供资金支持和帮助 政府的企业发展专项资金。如果可以争取到政府的创业企业发展专项资金，也可以帮助创业者在初期得到资金等方面的扶持
创业培训支持政策	创业培训可以有效地提高创业者在创业知识、方法、技巧等方面创业能力，目前全国人社部门均开展了针对失业人员、农民工、大学生等群体的免费培训
创业税收优惠政策	关于税收优惠政策可以通过了解《关于支持和促进就业有关税收政策的通知》《中华人民共和国增值税暂行条例》《中华人民共和国企业所得税法》等相关政策文件和条例进行解读；也可以通过各地方税务部门了解最新的创业税收优惠政策 关于小微企业，《中华人民共和国企业所得税法》第二十八条规定，符合条件的小型微利企业，减按 20% 的税率征收企业所得税。判定小型微利企业的条件主要是分两个方面：一是工业企业，年度应纳税所得额不超过 30 万元，从业人数不超过 100 人，资产总额不超过 3 000 万元；二是其他企业，年度应纳税所得额不超过 30 万元，从业人数不超过 80 人，资产总额不超过 1 000 万元

续表

项目	内容和说明
不同群体创业支持政策	目前针对农民、大学生、下岗失业人员、复转军人、残疾人等群体的创业，通常可以获得政府的优惠政策支持

二、收集渠道和方法

1. 地方下发或转发

创业指导人员需要随时了解各地方创业培训主管部门的政策信息发布，并及时与相关人员进行沟通，了解并掌握相关政策文件何时开始执行、如何落实、操作流程、持续多长时间等具体信息。

相关部门的创业政策也是创业指导人员需要收集和了解的。各地方的创业政策，除人力资源和社会保障部门的政策信息以外，工商局、中小企业局、科技局、农业局、妇女联合会、共青团、残疾人联合会、工商联等部门也会有与创业相关的政策出台并下发。

2. 网络快速收集

通过相关部门了解创业政策以外，网络是创业指导人员收集相关政策信息的有效途径。通过网络寻找创业相关政策可以采用以下三种途径。

第一，按网站收集。创业指导人员可以直接登录中国创业网（www.ccyw.org.cn），在政策信息栏目中寻找并下载相关创业信息。

第二，按部门收集。创业指导人员可以直接登录相关政府部门的官方网站来获得，可以从市、省、部三个级别的政府部门相关网站搜索。

第三，按公文名称或发文字号收集。创业指导人员如果了解相关的公文名称或者具体的发文字号，通常可以快速地在网络搜索到相关资料。

学习要点三　创业法律法规指导

一、常见创业相关法律

新创办的企业要从事经营活动，首先必须到工商行政管理部门办理登记手续，领取营业执照。如果从事特定行业的经营活动，还必须事先取得相关主管部门的批准文件。创业相关的法律法规有很多，部分可参考表4—4。

表4—4　创业相关法律法规

项目	内容和说明
企业组织形式	《民法通则》《公司法》《合伙企业法》《个人独资企业法》等法律的规定，企业的组织形式可以是股份有限公司、有限责任公司、合伙企业、个人独资企业等
创业法规条例	《企业登记管理条例》《公司登记管理条例》《消费者权益保护法》等
业务相关法律	《税法》《劳动合同法》《劳动法》《商标法》《合同法》《担保法》《票据法》《产品质量法》《环境保护法》《对外贸易法》《特许经营管理条例》《信息网络传播权保护条例》《企业破产法》等

以上列举部分和企业经营有关的法律法规，创业指导人员需要了解创业经常涉及的法律法规，如需更为专业的解释，建议咨询专业律师，对于创业者所涉及的法律纠纷，建议聘请律师代为处理相关法律事务。

二、收集的渠道和方法

收集法律信息的渠道和方法很多，但通常是表4—5中的几个方面。

表 4—5　收集法律信息的渠道

项目	内容和说明
互联网查询	通过百度等互联网搜索引擎，搜索相关信息，或者登录相关网站进行查找。掌握搜索的技巧后，互联网查询的效率还是比较高的
相关政府部门	法律法规是由国家机关、政府部门进行制定并监督管理的，因此可直接到相关政府部门进行询问
咨询专业人士	向专业律师、法律顾问、行业经验丰富的专家、创业指导人员、创业咨询师、创业培训师等专业人士进行咨询

三、创业法律法规指导过程

创业法律法规指导的过程通常包括以下五个方面，如图 4—2 所示。

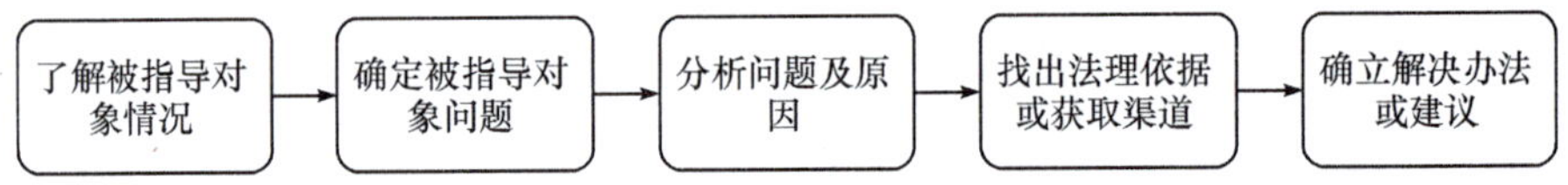

图 4—2　创业法律法规指导过程图

案例
创业指导人员法律指导过程

1. 了解被指导对象情况

一直在家赋闲的小王在网上找到了一个××××有限公司的×××汽车饰品创业项目，因小王对汽车行业的喜爱和急于创业，就去此公司的“样板店”进行调查。

他参观了公司产品展示厅，展厅内产品种类较少，产品不是很全面。公司业务人员解释，因为展厅面积太小，大部分的货都在库房，只要加盟就可以在公司网站上见到所有产品。

之后他走访了当地工商局及公司所代理品牌的驻华办事处求证该公司的资料是否属实，是否有授权，当核实所有结果是真实的之后，回到该公司签订了加盟合同并缴纳加盟费及管理费共计 5 万元整。

回家后他开始选址及装修，同时登录公司网站选第一批货。订单发出后，公司回复60%订单上要求的货目前没有，可以换别的，他没有同意公司的建议，坚持要求按单发货。但公司还是按他们的意思给发来了第一批货，款式老旧，包装差，且大部分还不是×××品牌的货。无奈之下，还是要先开张。

结果随后几次发货都是如此，产品质次价高，物流缓慢，导致店面无法正常经营。

2. 确定被指导对象问题

被指导对象描述了他遇到的各种现象和问题。例如：通过网络搜索，全国很多类似事件；在加盟费、退换货、报销广告费、促销返利、品牌唯一性等方面的问题。现在请创业指导人员给些建议，应该如何做？

3. 分析问题及原因

创业指导人员帮助被指导对象进行细致分析，使被指导对象认识到自己对加盟企业的调查不够全面、对其他加盟企业的调查不够、对合同的分析和判断相对草率并付款，导致投资出现问题，总体的风险判断不够。

创业指导人员判断对方公司确实存在“欺诈嫌疑”，有诉诸法律的可行性，但又要考虑所带来的成本和所花费的时间成本。在这种情况下，有没有其他应对方案。

4. 找出法理依据或获取渠道

这个事件所涉及的问题，从反思的角度是创业者的风险意识不足；从法理的依据看，已经涉嫌“欺诈”。

5. 确立解决办法或建议

创业指导人员建议被指导对象认真分析所签合同中有利和不利的内容，搜集相关的证据，判断起诉成本。如有需要可以选择专业律师。

学习要点四　开业注册、贷款流程指导

一、开业注册流程

1. 个体工商户的开业注册流程

申请从事个体经营的个人或家庭，应当持所在地户籍证明及其他有关证明，向所在地工商行政管理机关申请登记，对符合条件的准予填写申请登记表，在受理登记30日内，做出审查决定，核准登记的发给营业执照，不予登记的，书面通知本人。国家规定经营者需要具备特定条件或需经行业主管部门批准的，应在申请登记时提交有关批准文件。国务院《城乡个体工商户管理暂行条例》规定核准时限为30日内。

在文件证件齐备的前提下，个体工商户开业登记及年检验照为1个工作日(即来即办)。个体工商户的开业注册流程见表4—6。

表4—6　个体工商户的开业注册流程

项目	内容和说明
个体工商户设立登记应提交的文件材料目录	申请人签署的《个体工商户设立登记申请书》 申请人身份证明 经营场所证明 法律、行政法规规定须报经有关部门审批业务的有关批准文件
个体工商户变更登记应提交的文件材料目录	申请人签署的《个体工商户变更登记申请书》申请经营场所变更的，应当提交新经营场所证明 国家法律、法规规定提交的其他文件。法律、行政法规规定须报经有关部门审批业务的有关批准文件
个体工商户注销登记应提交的文件材料目录	申请人签署的《个体工商户注销登记申请书》；营业执照正本和副本国家法律、法规规定提交的其他文件

续表

项目	内容和说明
个体工商户注册登记收费标准（供参考，请以各地实际情况为准）	登记费收费标准，个体工商户开业登记费为每户二十元；发放营业执照，不另收费。以后每四年重新登记、换发营业执照一次，收费二十元 变更登记标准。个体工商户办理变更登记，每户每次收费十元 补发营业执照费标准。个体工商户因营业执照遗失、损坏等，需重新补（或换）发营业执照的，每次收费十元 营业执照副本收费标准。个体工商户自愿领取营业执照副本的，每个收取成本费三元 个体工商户登记程序及办理时限 登记程序：受理—审核—发照

2. 有限责任公司的开业注册流程

普通有限责任公司，最低注册资金 3 万元，2 个（或以上）股东。允许 1 个股东注册有限责任公司，又称“一人有限公司”（执照上会注明“自然人独资”），最低注册资金 10 万元，并且一次缴足。有限责任公司的注册流程可以参见表 4—7。

表 4—7　有限责任公司注册流程

项目	内容和说明
核准名称	到工商局领取一张“企业（字号）名称预先核准申请表”，填入你准备取的公司名称（备选 5 个），工商局会检索是否有重名，如无重名，即可使用并核发“企业（字号）名称预先核准通知书”
租房	租写字楼的办公室（通常民用房屋不可以注册），签订租房合同，并让房屋的产权人提供房产证复印件，再到税务局买印花税。税率是年租金的千分之一。将印花税票贴在合同的首页
编写“公司章程”	可以从工商局的网站下载“公司章程”样本自己修改编写，也可以找人代写，修改完成后，请所有股东签名
刻法人名章	到刻章店，刻法人名章

续表

项目	内容和说明
到银行开立公司验资户	携带“公司章程”“工商局的核名通知”“法人名章”“身份证”到银行去开立公司账户（验资账户，将各股东的资金存入账户），银行出据“征询函”“股东缴款单”
办理验资报告	拿着“股东缴款单”“征询函”“公司章程”“核名通知书”“房租合同”“房产证复印件”到会计师事务所办理验资报告
注册公司	到工商局领取公司设立登记的各种表格，认真填好后，将“核名通知”“公司章程”“房租合同”“房产证复印件”“验资报告”一起交给工商局，一般3个工作日后可以领取执照
刻制公章	凭营业执照，到公安局指定的刻章店，刻制公章和财务专用章
办理企业组织机构代码证	凭营业执照到技术监督局办理组织机构代码证
开基本户	凭营业执照，组织机构代码证，去银行开立基本账号
办理税务登记	领取执照后的30日内分别到当地国税局和地税局申请领取税务登记证
领购发票	销售商品的公司使用国税发票，服务性质的公司使用地税发票

二、申请贷款的流程

1. 申请小额贷款的流程

创业者在创业中出现缺少投资资金或资金周转紧张的情况很多，符合政府扶持政策的小微企业创业者面对资金紧张的问题，可以了解当地政府扶持小额贷款政策和流程，并有机会得到政府的贴息小额贷款支持。小额贷款的常见流程见表4—8。

表 4—8　小额贷款的流程

项目	内容和说明	
受理担保申请	核实受理对象	个人申请： 居住所在地居民、年龄在 60 周岁以内、身体健康、诚实信用、具备一定劳动技能并领取《再就业优惠证》的下岗失业人员、城镇退役军人、其他城镇登记失业人员、大中专（技）毕业生以及被征地农民等，自谋职业、自主创业或合伙经营，其自筹资金不足部分申请贷款
		企业申请： 小额贷款的为劳动密集型小企业（具体要求按照各地人社系统公布要求为准）
	核查相关资料	个人申请： 《下岗失业人员小额担保贷款前期审查表》、就业登记证复印件、再就业优惠证复印件、身份证复印件、申请人及配偶的户口簿复印件、创业培训合格证复印件（部分城市要求）、营业执照复印件（副本）
		企业申请： 《劳动密集型小企业吸纳下岗失业人员认定证明》《劳动密集型小企业微利项目财政贴息申请表》、法人营业执照复印件（年检），国、地税的税务登记证（复印件），法人代码证，法人代表身份证复印件，近期财务报表（资产负债表、损益表、现金流量表）
	反担保措施	个人申请： 小额贷款担保的，原则上需第三方提供信用反担保，第三方应是无不良信用记录或其他经济违法行为的公务员、事业单位正式工作人员、部省属及地方经济效益好的企业中层以上干部、教师、医生以及其他有固定工作、年收入在 2 万元以上的人员，其中反担保者为个人的，应提供其所在单位的身份证明、身份证复印件，并签订担保人、贷款人、反担保人的三方合同；反担保者为企业法人的除签订三方合同外，还需提供法人营业执照复印件。如小额贷款者确实难以提供第三方信用反担保的，又有可执行的有效财产的，亦可以实物进行抵押、质押

续表

项目	内容和说明	
审核担保申请	实地查核	走访申请贷款企业，调查申请者的信誉度，审核贷款人资料的真实性，经营项目的可行性或经营状况等，并在其申请表上如实填写调查结论
	评审	各地小额担保贷款中心根据地方实际情况通常都建立详细的评审规则和流程 对担审会通过的小额贷款担保申请，通知贷款人及时将相关材料送交商业银行，办理贷款手续
跟踪贷款管理	收集信息	每月及时准确掌握小额担保贷款归还情况
	还款管理	还款期到的要对未归还的在当月底前电话了解未归还的具体原因，强调还款政策，要求其履行贷款合同并根据情况，进一步实施追款举措

2. 申请担保公司贷款的流程

除了由政府主导的小额贴息贷款以外，创业者也可以通过其他渠道活动贷款。

小贴士

个人或企业在向银行借款的时候，银行为了降低风险，银行要求借款人找到第三方（担保公司或资质好的个人）为其做信用担保，而不是直接放贷给个人或企业。担保公司会根据银行的要求，让借款人出具相关的资质证明进行审核，之后将审核好的资料交到银行，银行复核后放款，担保公司收取相应的服务费用。

通常个人或企业申请担保公司贷款的一般性流程图，如图4—3所示。

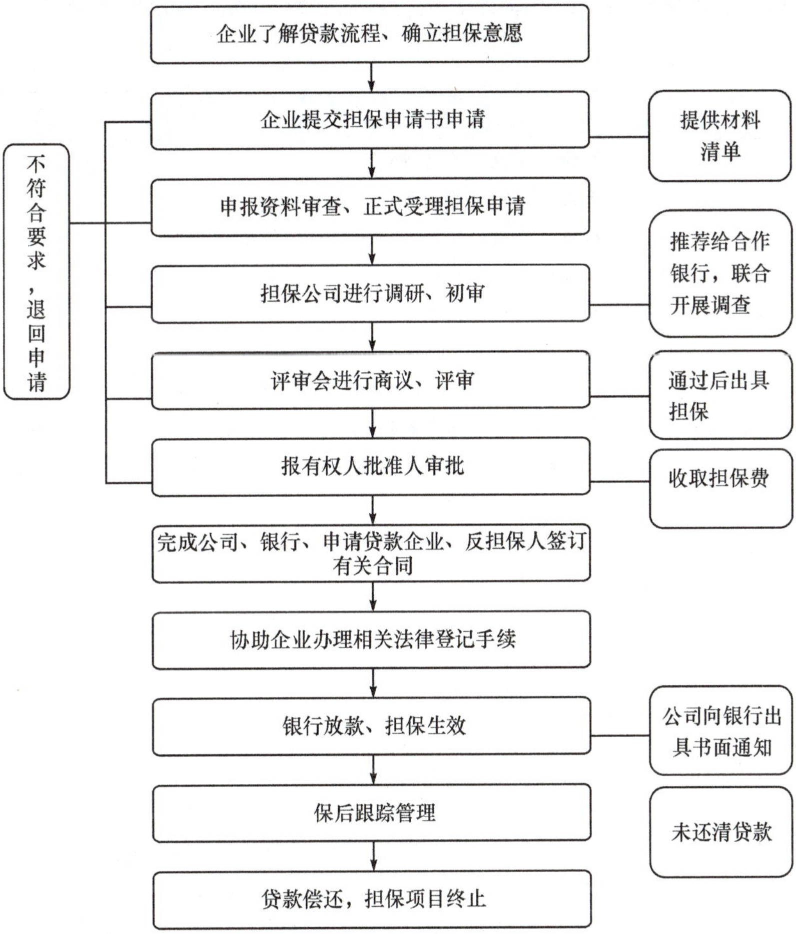

企业了解贷款流程、确立担保意愿

↓

企业提交担保申请书申请 —— 提供材料清单

↓

申报资料审查、正式受理担保申请

↓

担保公司进行调研、初审 —— 推荐给合作银行，联合开展调查

↓

评审会进行商议、评审 —— 通过后出具担保

↓

报有权人批准人审批 —— 收取担保费

↓

完成公司、银行、申请贷款企业、反担保人签订有关合同

↓

协助企业办理相关法律登记手续

↓

银行放款、担保生效 —— 公司向银行出具书面通知

↓

保后跟踪管理

↓

贷款偿还，担保项目终止

（未还清贷款）

（不符合要求，退回申请）

图 4—3　申请担保公司贷款的流程图

学习要点五　行业信息指导

一、常见小微企业行业分类信息指导

行业是指具有相同性质的生产企业或其他经济社会的经营单位或者个体的组织结构体系的详细划分，如林业、汽车业、银行业等。行业分类就是有规则地按

照一定的科学依据和组织结构体系，进行详细划分，具体划分见表 4—9。

表 4—9 小微企业行业分类表

项目	内容和说明
农、林、牧、渔业	谷物及其他作物的种植 蔬菜、园艺作物的种植 水果、坚果、饮料和香料作物的种植 林木的培育和种植 木材和竹材的采运 林产品的采集 牲畜的饲养（指对牛、羊、马、驴、骡、骆驼等主要牲畜的饲养） 猪的饲养（包括在农场或农户家庭中生产的和猪的副产品） 家禽的饲养（鸡、鸭、鹅、鸵鸟、鹌鹑等禽类的孵化和饲养和禽产品） 狩猎和捕捉动物 其他畜牧业 海洋渔业 内陆渔业 农、林、牧、渔服务业
制造业	食品加工与食品、饮料制造业 纺织业、化学纤维制造业 服装、鞋帽、皮革制造业 木材加工及木、竹、藤、棕、草制品、家具制造业 造纸及纸制品、印刷业、文教体育、办公用品制造业 非金属矿物制品业（含水泥、玻璃、陶瓷、耐火材料等） 黑色金属、有色金属冶炼及压延加工业 金属制品业 石油加工、炼焦加工业 化学原料及化学制品制造业 医药制造业 橡胶制品、塑料制品业 通用设备和专用设备制造业 交通运输设备制造业 电气机械及器材、线缆制造业 通信设备、计算机及其他电子设备制造业 仪器仪表制造业 工艺品其他制造业

续表

项目	内容和说明
批发和零售业	农畜产品批发 食品、饮料及烟草制品批发 纺织、服装及日用品批发 文化、体育用品及器材批发 医药及医疗器材批发 矿产品、建材及化工产品批发 机械设备、五金交电及电子产品批发 贸易经纪与代理 其他批发 综合零售（百货、超级市场、其他） 食品、饮料及烟草制品专门零售 纺织、服装及日用品专门零售 文化、体育用品及器材专门零售 医药及医疗器材专门零售 汽车、摩托车、燃料及零配件专门零售 家用电器及电子产品专门零售 五金、家具及室内装修材料专门零售 无店铺及其他零售
现代服务业	基础服务（包括通信服务和信息服务） 生产和市场服务（包括金融、物流、批发、电子商务、农业支撑服务以及中介和咨询等专业服务） 个人消费服务（包括教育、医疗保健、住宿、餐饮、文化娱乐、旅游、房地产、商品零售等） 公共服务（包括政府的公共管理服务、基础教育、公共卫生、医疗以及公益性信息服务等）
其他	金融、保险业、房地产业综合（含投资类、主业不明显）等

二、相关产业政策信息指导

创业政策信息是创业者需要特别关注的信息，创业者应该了解哪些创业政策有利于自己的创业。积极关注和选择国家产业结构调整的信息，有利于创业者发现并捕捉到有利于企业的创业机会，也能够及时发现和回避可能潜在的风险问题。近几年，国家在中小企业的可持续发展上的绿色环保创业与就业，小企业社会化服务体系建设，创新型科技企业扶持，农、林业社会化服务体系建设，后勤社会化服务，城市社区服务网点建设，物业管理服务，社会化养老服务等方面都有积极的政策。

小贴士

关于国家在产业政策内容上的变化更新信息，可以从国家发展与改革委员会和当地政府公布的产业结构调整指导目录中查找。

三、相关的行业限制信息指导

行业限制信息是指创业者在创业时需要由国家相关部门审批的业务或专门的经营资质。创业者只有取得许可证后才算合法经营，否则会受到相关部门的查处和处罚。相关的行业限制信息见表4—10。

表4—10　相关的行业限制信息

农、牧、渔业	种子生产、经营 种畜禽生产、经营 畜禽屠宰加工 生猪定点屠宰厂（场） 生产饮料添加剂、添加剂预混合饲料的企业
制造业	化妆品生产 食品生产、经营，保健食品生产 食用香料产品生产、食用化工产品生产 印刷企业、其他印刷制品 包装装潢印刷品印制企业

续表

交通运输、邮电通信业	特快专递（速递、快递、快件）业务 计算机信息网络国际联网业务 设立水路运输企业及从事水路运输服务企业或个人 道路运输企业 化肥、农药、农膜经营 林业种子、苗木经营 粮食收购、批发 农作物种子经营 医疗器械生产、经营 烟草销售 酒类批发经营 成品油批发、零售、储存（含加油站） 金饰品销售
社会服务业	广告 旅馆业（含饭店、宾馆、招待所、客货栈、车马店、浴池） 设立拍卖企业 旅行社 会计师事务所 资产评估机构 保安服务业 经营性公墓 企业登记代理机构 税务代理机构 证券经营机构 证券、期货投资咨询业务 自费出国留学中介服务机构 移民中介活动 出入境中介活动机构（含留学、劳务、就业等），从事为出国定居、探亲、访友、继承财产、留学、就业及其他非公务活动提供信息服务、法律咨询和帮助申办签证及境外联络安排等中介活动 社会职业介绍机构、人才市场中介服务机构 宾馆、理发店、体育场、影剧院等公共场所企业 商标代理业务

续表

教育、文化艺术及广播电影电视业	体育项目经营 营业性演出团体 设立营业性歌舞厅、娱乐、游艺等娱乐场所 报纸、期刊、图书批发、零售、出租 音像制品批发、零售、出租、放映、进口 印章刻制业 各类按摩服务、美容美发、桑拿、洗头、洗脚 电子出版物出版、复制、批发、零售、出租 上网服务营业场所

思考与练习

1. 案例分析：小刘是个化工专业的高职生，马上面临毕业，但他不甘心于像其他同学一样找一份普通的工作，他一直有创业的梦想，想尝试一下创业，反正还年轻可以闯荡一下，但又不知道如何下手。虽然以前小刘也在学校里尝试做过一些小生意，比如贩卖电子产品、文化用品等，也赚到将近一万元钱，但他认为这还不算真正的创业，都是很小的投入，而且回报也很少，他希望创办一个自己喜欢而且有些规模，并具有可持续发展的小微企业。于是找到学校的创业指导人员冯老师，希望他能够给予自己一些指导。

(1) 如果你是创业指导人员该如何接待这位有志创业的同学呢？

(2) 你打算如何进行沟通，怎么样才能够帮助他呢？

2. 行业分类信息对小微企业的创业者有什么作用？

3. 小企业主如何进一步了解详细的行业限制信息？

第二单元　项目服务

项目服务是指创业指导人员为创业者提供创业项目查询、展示、确立、征集、评估、对接等服务，帮助创业者评估、筛选、识别直至最终确定创业项目的过程。

创业项目，又称创业想法、创业构思等，通常包括的基本要素包括产品或服务、目标顾客、盈利模式和核心价值等要素。产品或服务是指创业者提供什么样的产品或服务。目标顾客是指将为哪些顾客提供产品或服务。盈利模式是指将如何销售你的产品或服务，并最终实现企业盈利的特定模式。核心价值是指企业满足顾客的哪些需求，并帮助顾客实现什么价值。

学习要点一　创业项目查询

一、创业项目网络展示平台

为了帮助创业者进一步快捷方便地了解创办小微企业的项目信息，很多创业服务机构都建立了创业项目网络展示平台，为创业者提供很多创业项目信息。创业者可以通过创业项目网络展示平台了解到项目信息后，对项目亲自进行全面考察，并与项目提供者咨询项目有关情况，再结合当地地域环境及自身具体条件进行选择。

二、创业项目查询

创业者在查询创业项目时，创业指导人员可以指导创业者理性地选择各种创业项目展示平台，以便有效地查询到相关创业项目信息或从中得到创办企业的启发。

创业者查询创业项目的“四步走”如图4—4所示。

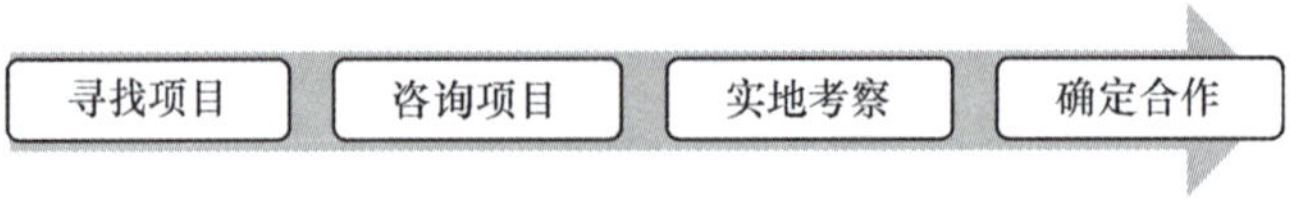

寻找项目 → 咨询项目 → 实地考察 → 确定合作

图 4—4 查询创业项目的一般流程

1. 寻找项目

创业者进入创业项目展示平台时，创业指导人员需对创业者寻找过程可能会带来的影响和风险给予提醒，并让其注意到创业项目选择时的免责条款，目的是提醒创业者保持选择项目时应有的风险意识。

创业者可根据感兴趣的行业、计划投入的资金、擅长的技能等方面进行选择。将选择对比后的名称、基本信息进行记录或将网页存入收藏夹便于再次查看。

2. 咨询项目

将寻找到的感兴趣的项目进一步挑选，然后分别向项目提供方联系咨询其具体信息，可通过网络通信工具、电子邮件、电话等方式进行沟通。

3. 实地考察

创业指导人员为了进一步了解创业项目的实际情况，可对提供项目的合作企业以及选项考察的相关信息进行实地考察，创业指导人员可以为被指导对象提供实地考察的行动指导，提高被指导对象实地考察的能力，理清思路，提高效率。对提供合作项目或连锁加盟项目的企业，创业者要进行认真客观的分析和调查后再做出创业决策。

4. 确定合作

被指导对象通过创业者信息的收集和实地考察后，并对提供项目或连锁加盟项目的合作企业进行认真客观的分析和调查后再做综合的评价和决策，并最终确定创业项目或与提供创业项目企业进行合作。

三、创业项目展示与对接

1. 创业项目的展示

创业展示的形式很多，常见的有进行创业产品、企业或项目的交流活动或展示会，搭建创业展示的实体平台，也可以通过网络、媒体、电信等媒介进行展示。对于创业指导人员而言，提高展示活动的设计和实施能力、提高各种媒体的展示设计和传播能力是需要不断提高和加强的。

2. 创业项目的对接

创业项目库建设中，很多创业指导人员要参与对入库项目的审核和评价工作。创业指导人员在严审入库项目的同时，还有保留足够多的提供企业或个人的相关信息。当双方有对接意愿时，创业指导人员需要为双方提供信息、促进沟通、填写表单、整理备案，并做好后续的跟踪记录和监督评估。

学习要点二　创业项目确立的步骤

创业项目确立的步骤如图 4—5 所示。

图 4—5　创业项目确立的步骤

一、市场调研

对于创业项目的确立而言，市场调研是全程都要进行的重要过程。

市场调研就是指创业者通过调查和收集创业项目所需的相关信息。通常是通过对创业者感兴趣或熟悉的市场进行调查，了解与其相关的政治、经济、文化方面以及目标群体、中间商、社会公众等对象的相关信息，这将为创业项目选择、创业商机筛选、确立适合的创业项目奠定基础。创业指导人员需要对创业者如何进行市场调研给予指导，以促进其完成有效的市场调研过程，并整理出有效的市场调研信息。

1. 市场调研收集信息的种类（见表4—11）

表4—11　市场调研收集信息的种类

主题	主要内容或解释
调研市场前景信息	调研市场上有发展前景、符合行业发展趋势、符合国家政府扶持的项目
收集市场需求信息	从你熟悉或感兴趣的行业了解市场有什么需求 从你选择的将来有意向创业的区域收集市场信息 从问题解决的角度收集市场存在的问题或困惑，并考虑是否有好的解决方案
收集市场竞争信息	收集和分析创业项目所针对目标顾客的市场容量大小，以及市场占有率等信息，便于创业者更好地把握市场 了解竞争区域内的你的市场容量有多大？市场容量的变化趋势怎么样？有没有替代产品？市场占有率将会怎样变化？是否有其他市场可以开发？是否在其他区域有较多的目标顾客和行动顾客？能否吸引不同区域的目标顾客和潜在顾客
收集营销策略信息	收集产品或服务的核心产品、形式产品、附加产品等构成要素的相关信息 收集价格、成本及市场定价特点的相关信息 收集经营地点或分销渠道等相关信息 收集选择促销的方式、方法、内容、规模等信息
收集市场相关者信息	收集生产企业或服务企业、供应商、零售商、企业经营者与其顾客的信息
收集政治、经济、文化信息	收集国家、省、市与创业和行业相关的政策法规 收集一段时间内的政府工作报告中关于工业、农业、外贸、金融、进出口等方面的相关政策法规，判断对创业和经营方面的影响

续表

主题	主要内容或解释
收集政治、经济、文化信息	收集国家经济发展状况、国民收入及购买力变化 居民消费能力、消费意识和消费结构的变化，收集消费支出中吃、穿、用、住等各类商品所占的比重变化，收集时尚流行趋势的发展和变化 对居民消费所产生的影响有哪些
	收集创业地区教育文化水平，对于创业地区居民的文化、教育、职业、年龄等信息进行分析 收集创业地区居民的风俗习惯和民族特点

2. 如何进行市场调研

市场调研的实现需要收集到有效的信息。通常采取五个步骤：制订调研计划、准备调研工具、实施调研过程、整理收集资料和市场调研总结，如图 4—6 所示。

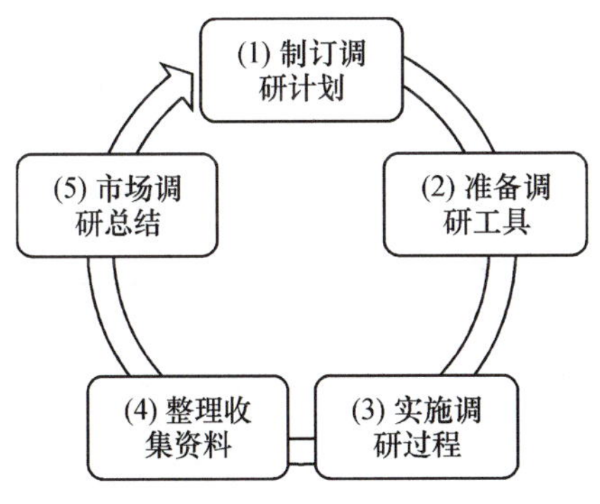

图 4—6　市场调研的步骤

(1) 制订调研计划

创业者在收集信息时需要有计划、有条理地进行收集，制订出切实可行的信息收集计划，才能指导整个信息收集工作正常地开展。

收集计划需要明确总体目标，阶段性目标，从而获得未来的市场研究信息。

(2) 准备调研工具

创业者在收集信息的过程中需要准备一些能够帮助你有效、快速地获得各种各样信息的工具，以提高你对所需信息和资料的获得能力。市场调研工具具体见表 4—12。

表 4—12 市场调研工具表

主题	主要内容或解释
选用收集设备	创业者可以通过随身携带小型摄像机、数码照相机、录音笔、智能手机等便于收集和记录信息的小工具，用于及时记录和整理
信息记录册	创业者可以提前绘制调查信息的相关表单，用来对相关信息进行有效记录，保存已搜集到的有用信息
行动计划表	行动计划表是创业者落实信息收集过程的行动标准，也是创业者在收集信息过程中保持高效、有序行动的重要工具
问卷调查表	创业者在信息收集过程中，根据实际需要，针对不同对象和创业者的需要设计不同形式的调查问卷，以进一步了解相关内容

(3) 实施调研过程

创业者依据各调研场所的不同情况，对调研的方法做出具体的选择和安排。在实施调研期间，要考虑到创业者及其创业团队和其他调研人员的调研工作量和工作难度。将适合的调研人员安排到相应的地方开展访问工作，并积极调动大家的工作热情，通过认真的实施调研以保证调研信息和数据的真实性和调研效果。市场调研方法见表 4—13。

表 4—13 市场调研方法表

主题	主要内容或解释
实地观察	创业者直接对经营环境和对象进行现场实地观察，获得有关信息，包括经营现场等
访谈调查	通过直接对经营者、消费者、同行、行业专家以及其他关键信息提供者进行访谈、询问来收集相关信息
媒体搜集	创业者通过计算机互联网、电视、广播、电子刊物等多媒体信息，获得有效的信息

续表

主题	主要内容或解释
文献搜集	创业者通过图书、报纸、期刊、专利文献、学术论文、广告宣传页等获得有效的信息
问卷调查	设计调查问卷以了解消费者的需求和想法

(4) 整理收集资料

创业者需要通过选择适合自己的方法和工具，将收集到的信息初步整理后对初步选出对创业项目选择有价值的信息，如不符合需要，还需进行补充收集。信息整理的步骤包括如图 4—7 所示。

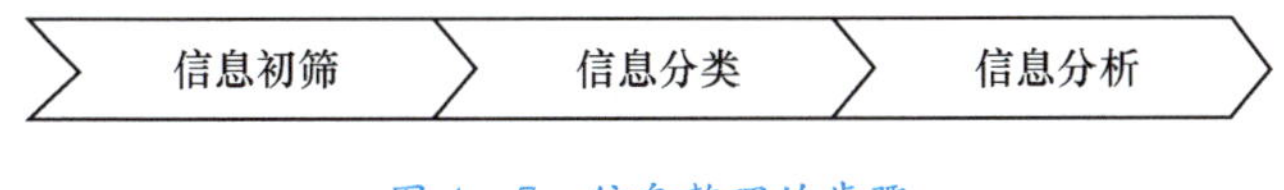

图 4—7　信息整理的步骤

信息初筛就是收集到相关信息后，需要对众多信息进行初筛，并保证真实有效。信息分类就是对收集到的信息根据合理的分类方式，有效地规整分类。信息分析是对收集到的信息进行初步分析，选出对选择创业项目有价值的信息。

(5) 市场调研总结

创业者经过一系列的市场调研相关工作后，需要做的重要工作就是对调研过程以及收集到信息和资料进行一个客观的分析和总结。这不仅可有效地帮助创业者理清思路，也可成为信息查找的重要资料。通常市场调研总结包括表 4—14 所列内容，创业者可根据自己的实际情况进行调整。

表 4　14　市场调研总结要点

主题	主要内容或解释
调研时间	创业调研的实施起止时间和时间段分配等信息
调研地点	最终实际调研地点和计划的差别，为什么会有这些差别
调研目的	调研目的是否和调研计划相符，如果不符，出入在哪里，为什么
调研内容	调研内容包括哪些方面，具体的安排和调整是什么
调查方法	调查的方法有哪些，使用是否有效，存在哪些问题和改进建议

续表

主题	主要内容或解释
组织实施	组织实施的过程与计划的差别，是否合理，如何改进
调研心得	感受与心得，总结与改进建议

二、项目初选

1. 项目初选的一般原则

创业选择什么项目、怎样选择创业项目是创业者经常会问的问题。一个好的创业项目是创业成功的重要前提。选择创业项目的方法很多，其遵循的一般性原则可以概括为以下四个“最”，见表 4—15。

表 4—15　项目初选的一般原则

主题	主要内容或解释
从最擅长中选择项目	在创业初期创业者如果从个人的专长、技能方面去寻找商机最终确立创业项目，通常更容易起步，也更容易成功，至少在提供的产品、技术和服务方面，要比完全不懂、重新摸索的人来说，具有更多优势
从最喜欢中选择项目	兴趣和爱好就是一种动力，它是创业者一个特别的财富和资源。当创业者所从事的工作是自己喜欢做的事情时，人们在工作时就会投入更多热情，也就容易取得成功。选择创业项目时从兴趣和爱好考虑可以让自己有更多的坚持
从最熟悉中选择项目	对于小微企业而言，选择你以前从事的相关行业，或一些你了解的项目，上手更快，风险相对较小。而传统成熟的项目和产品，市场规模和市场运作也比较成熟，这种行业一般各个经销商运作比较成熟，也非常容易了解，只要比竞争对手做得好一点就容易成功。但对这些行业来说，通常进入行业是比较难的，而且利润也会较低一些，需要付出很大的努力才会有足够的回报
从最有资源中选择项目	创业者在选择项目时，要善于从现有的人脉资源、物质资源、市场资源等方面寻找商业机会。例如，人脉资源会帮助创业者解决创业中的很多问题，也同时是创业初期的重要的顾客

2. 头脑风暴法

头脑风暴法是一种产生想法的创造性思维方法。提高创造性思维能力可以帮助创业者释放自我的创造力，也有利于创业者发现具有市场机会的创业项目。

创业者可以通过一般性头脑风暴法，以个人或小组形式打开思路，在自己感兴趣的产品或企业方面产生创业项目。还可以进一步通过个人或以小组形式共同进行具有商业导向的结构性头脑风暴法。结构性头脑风暴法是通过某一产品开始，从销售、服务、制造、副产品四个方面展开联想，使创意和想法与企业经营有更紧密的联系，从而更有效率地产生创业想法或项目，如图 4—8 所示。

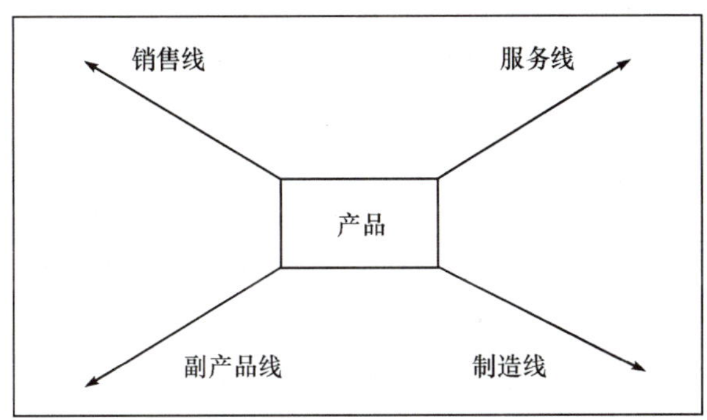

图 4—8　结构性头脑风暴法

3. 调查所处的环境

创业者可以通过调查想要创业的地区的环境发现更多的创业项目。可以是自然环境，也可以是经济环境。可以是宏观环境，也可以是微观环境。例如，调查某地区经济的发展依赖于哪些产业或企业。调查某地区的资源和机构，这有益于获得好的创业想法和项目。具体见表 4—16。

表 4—16　调查所处的环境

主题	主要内容或解释
自然资源	分析创业者家乡盛产哪些东西，这些东西可以用来制作有用的产品而不会破坏环境。自然资源包括来自于土地、森林、矿产、沙漠、水中的各种材料
居民的能力和技能	创业者所在地区的居民是否具有企业所需要的某些特殊技能，有没有很好的加工工艺

续表

主题	主要内容或解释
机构	创业者所在的地区有没有学校、医院或政府机构？创业者认为哪些企业能够服务于这些机构？这些机构可能有诸如维修、修理和清洁之类的需求，他们也许还需要文具、家具、清洁用品、食品或纸张等物资。一个机构可能就是一个大客户，为什么不去物资管理部门与他们聊聊，了解一下他们从哪里购买产品和服务？以及他们是否有不满意的地方
工业	所在的地区有工厂吗？这些工厂需要什么样的企业提供服务？他们同样也会购买一些服务和物资。他们可能愿意雇用另一家企业去做一些他们的业务。创业者可能有机会获得分包的工作
出版物	各种印刷材料也能够帮助创业者找到一些好的想法。创业者可以在当地学校或机构的图书馆或阅览室，查看产品目录、商业期刊和杂志，从中发现一些想法。报纸也常常介绍一些经济发展趋势或不同企业的发展情况。同时，不同的分类广告也可以让创业者产生想法，带来灵感
商品展销会	一些机构举办商品展销会，这些都能够帮助创业者获得创业的灵感以及感兴趣的创业项目。所以鼓励创业者要尽可能参加各类的商品展销会
互联网	通过互联网的 B2B（企业对企业）或 B2C（企业对顾客）的网站，以及各类搜索引擎（如百度搜索网站），搜索感兴趣的创业想法和项目

4. 项目初选的一般步骤

项目初选的一般步骤可以按照以下七个步骤进行，如图 4—9 所示。

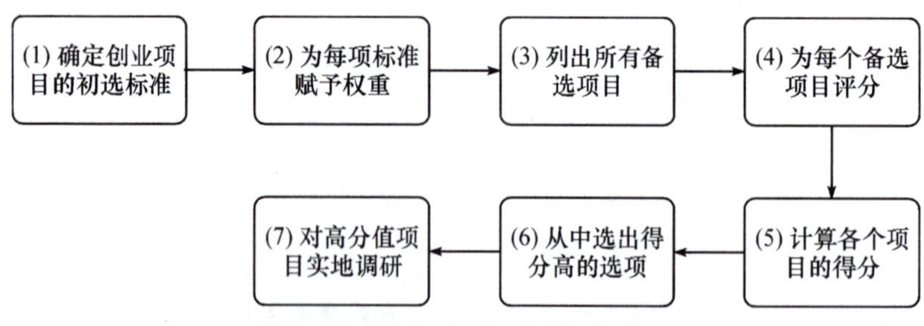

图 4—9 创业项目初选的一般步骤

三、商机识别

1. 商业机会

商机是创业者看到机会、产生创意并发展成清晰的商业概念的过程，代表着创业者已识别到机会。如果发展出有利于促进企业生产，有利于企业产品开发和市场开拓，能促进企业经济效益的提高，有利于企业摆脱困境等方面的信息、条件、事件等的商业概念，最终可能成为有价值的创业商机。但是不是商机，主要看创业者是否具备把握商机的竞争力，而竞争力的主要来源如图 4—10 所示。

图 4—10　创业项目核心竞争力来源

(1) 商业模式

简单来说，商业模式就是企业或公司是以什么样的方式来赢利和赚钱的。

(2) 品牌

简单来说，品牌就是指消费者对产品或服务以及其他相关内容的认知程度。通常是消费者对一个创业者其所创办企业及其产品、售后服务、文化价值等方面的评价和认知，是一种信任。

(3) 技术

技术是指创业者在生产方面或者提供服务方面的经验、知识和技巧，也泛指其他操作方面的技巧。

(4) 设施设备

设施是创业者经营过程中的环境等硬件条件；设备是指基本具有特定实物形

态和特定功能，可供人们长期使用的一套装置，如车床、加工中心等。

(5) 地理位置

地理位置是创业者所选的经营、办公、促销的地点。

(6) 财务资源

财务资源是指创业者或已经创办的企业所拥有的资本以及企业在筹集和使用资本的过程中所形成的独有的、不易被模仿的财务专用性资产，包括企业的财务管理体制、财务分析与决策工具、健全的财务关系网络、具备财务技能的财务人员等。

2. 商业机会的评估

对于商业机会的评估，除了要分析竞争力因素，还需要评估其他方面因素。主要是通过两个层面进行分析、评估和识别。

(1) 初步筛选

在较短时间内把备选的创业项目思路先预览一遍，并快速评估。除非该思路有符合以下四项快速筛选标准，或者你认为可以通过改进以符合快速筛选标准，否则就直接放弃该项目。

快速筛选标准：

1) 此项目创造或增加较大价值。

2) 此项目能够解决一项重大问题，或满足某项重大需求或愿望，有人愿意出高价。

3) 此项目具有需求旺盛的市场和丰厚的利润，同时还具有相对容易赚钱的特点。

4) 此项目就当时的时间和市场来说很适合创始人及其创业或管理团队，而且风险较小或可控。

(2) 深入筛选

以下针对创业项目的市场与效益面，提出了一套评估准则，并说明各准则因素的内涵，目的是帮助创业者进行创业项目选择时作决策参考。商机深入筛选的具体参考要素见表 4—17。

表 4—17　商机深入筛选的参考要素

主题	主要内容或解释
市场和利润评估的参考要素	市场定位：创业者的市场定位需要识别出顾客需求，能够解决顾客的问题，并为顾客带来更好的价值回报
	市场结构：市场结构的分析和评估就是对创业项目所针对市场中各要素之间的内在联系及其特征进行分析
	市场规模及成长性：创业者所选创业项目的市场规模是创业成败的一个重要因素
	市场占有率：在一段时间内创办企业在竞争区域所做的市场占有率预测及设定目标，也能够反映新创办企业未来的市场竞争力
	成本结构：企业的成本结构合理，相对竞争对手拥有成本优势，能够反映出新创办企业的市场竞争能力，会有更好的市场预期
效益评估的参考要素	净收入预测有利润空间：一般而言，具有吸引力的创业项目需要有合理的销售净收入
	达到损益平衡所需的时间：合理的损益平衡时间通常为一至两年，如果时间过长，恐怕就不是一个值得投入的创业项目
	投资回报率：考虑到创业可能面临的各项风险，通常合理的投资回报率应该在 25%以上
	资本需求：资金需求量较低的创业项目，投资者一般会比较欢迎
	毛利率：毛利率高的创业项目，相对风险较低，也比较容易取得损益平衡
	策略性价值：能否创造新企业在市场上的策略性价值，也是一项重要的评价指标
	市场活力：当新企业处于一个具有高度活力的市场时，通常获利回报也相对比较高
	退出机制与策略：所有投资的目的都在于回报并适时退出，因此退出机制与策略就成为一项评估创业项目的重要指标

续表

主题	主要内容或解释
竞争优势评估参考要素	成本优势：企业竞争中的一个重要优势还是成本优势。企业的成本简单地说可以分为固定成本和可变成本，新创企业在成本方面如果具有明显优势，对其创业将非常有利
	进入壁垒：如果企业具有产品和服务技术方面的知识产权保护，或竞争对象面对你的企业优势反应较慢，时间较长，这就构成新办企业的明晰优势；如果创业者在人脉资源和关系网络方面具有重要的资源，能够有效影响和动用网络的人力资源，为创业者提供有利支持和帮助，这也是新办企业的竞争优势
创业团队评估参考要素	技术与业务：团队成员是否都是行业、技术方面精英，业绩能力突出
	个人素质：为人正直有责任感、高的诚信度和合作意识；有客观的自我认知和改进能力

四、确立项目

1. SWOT 分析

SWOT 分析方法是一种企业战略分析方法，也可以用于创业者在创业项目选择方面的分析和判断，最终确立创业项目，如图 4—11 所示。

SWOT 分析有四种不同类型的组合：

机会＋优势：当选择创业项目时，企业内部优势与外部机会相互一致和适应时，企业可以用自身内部优势撬起外部机会，使机会与优势充分结合发挥出来。创业者敏锐地捕捉机会，把握时机，以寻求更大的发展。

机会＋劣势：当环境提供的机会与企业内部资源不相适合，或者不能相互重叠时，创业者的机会再大也将得不到发挥。在这种情形下，企业就需要提供和追加某种资源，以促进内部资源劣势向优势方面转化，从而迎合或适应外部机会。

优势＋威胁：当环境状况对创业者优势构成威胁时，优势得不到充分发挥，出现优势不优的脆弱局面。在这种情形下，企业必须克服威胁，以发挥优势。

劣势＋威胁：当企业内部劣势与企业外部威胁相遇时，企业就面临严峻的挑

S：优势

· 企业者及其企业擅长什么
· 有什么新技术
· 核心的竞争力是什么
· 和其他企业的差异有哪些
· 未来的顾客为什么要来
· 具有哪些经验

W：劣势

· 哪些方面做得不好？
· 缺乏什么技术和产品？
· 竞争对手有什么做得更好
· 不能够满足哪些顾客的需要
· 有可能失败的原因
· 企业的员工的技能和效率不高

SWOT分析

O：机会

· 市场中有什么适合企业的机会
· 掌握新的技术
· 开发和提供新的技术或服务
· 能够吸引到新的顾客群
· 市场购买力明显增加
· 市场前景向好

T：威胁

· 市场可能变得竞争更加激烈
· 强有力的竞争者出现
· 突发负面信息产生不良影响
· 政治经济环境遇冷
· 特别事件影响企业生存

图 4—11　SWOT 分析

战，如果处理不当，可能将直接威胁到企业的生死存亡。

2. 创业项目可行性研究

创业项目还可以通过对项目的可行性研究加以确立，见表 4—18。

表 4—18　创业项目可行性研究的相关内容

主题	主要内容或解释
1. 创业项目概述	创业项目的背景，包括创业项目面临的机遇或要克服的问题，创业项目和组织战略的联系。 • 创业项目可以创造的价值是什么 • 实现创业项目目标的策略和方法是什么 • 预计收支平衡的时间是什么时候 • 预计大概的投入启动资金是多少 • 创业项目现有的风险和限制是什么 • 创业项目可发现的机会和资源有哪些

续表

主题	主要内容或解释
2. 详述该创业项目的确立原因和市场需求	描述的内容应包括： • 创业项目的未来预计利润是多少 • 创业项目的盈亏平衡点是多少 • 创业项目为你的企业带来的机会有哪些 • 描述创业项目利益相关者可能会是哪些，以及他们对该产品或服务的需求分别是什么
3. 描述创业团队	描述的内容应包括： • 创业团队的组建要求是什么 • 创业团队成员是否能全身心投入、是否有兼职 • 创业团队需要的技术是什么、需要补充哪些知识和技能 • 创业团队的内部关系如何激励和协调 • 创业团队的考核标准是什么
4. 编写创业计划书	描述的内容应包括： • 企业及创业者个人概述 • 企业优劣势分析 • 市场分析与评估 • 政策、法律、法规方面分析评估 • 创业团队组建与分析评估 • 企业财务计划分析与评估 • 启动资金计划 • 成本盈亏计划 • 现金流量计划 通过系统地分析讨论创业项目是否可行，估计创业项目成功率、经济收益、投资回收期、项目风险程度
5. 自我评估与专家评估	自我评估：创业者和创业团队核心成员对照创业计划书进行系统分析，对创业项目的客观性、合理性、完善性进行再次的自我审核和评估 专家评估：创业者可以根据需要，请创业培训专家、管理咨询专家、政府相关部门官员、财务财会专家、行业内无直接竞争性的企业家、企业发展顾问等相关的专家对项目提供建议
6. 项目确立	经过上述步骤的分析研究可以确立创业项目是否实施，创业者需要制定详细的目标和行动计划

学习要点三 创业项目发展趋势

一、消费需求倾向

消费需求倾向是指消费者对以市场提供的产品或服务形式存在的消费品的需求和欲望发展变化趋势。随着中国社会生产力的不断发展，企业将向市场提供数量更多、质量更优的产品，以便更好地满足消费者的消费需求。随着人们物质文化生活水平的日益提高，消费需求也呈现出多样化、多层次，并由低层次向高层次逐步发展，消费领域不断扩展，消费内容日益丰富，消费质量不断提高的趋势。而中国社会的独生子女政策、老龄化等问题，也会使未来的市场需求有着一定的倾向。

二、绿色创业

绿色创业是指为应对气候变化而选择的创办绿色环保企业，着力于节能减排，保护环境。通过发展绿色产业，推动公平合理的企业转型，转变经济发展方式，实现企业的“绿化”。

为鼓励绿色创业，促进就业发展，应抓住绿色商机，合理实现企业“绿化”，增加就业机会，实现企业的可持续发展。

案例

作为国际旅游岛的海南，2012 年接待国内外游客将达到 3 160 万人次，旅游总收入达到 314 亿元，旅游业增加值占地区生产总值的比重达到 7.5%，第三产业增加值占地区生产总值比重达到 47%，第三产业从业人数占地区从业总人数比重达到 39%。但海南许多成熟的景点景区出售的旅游纪念品多数是从外地批发来的，而非自己景区的独特产品，这对于海南旅游市场来说无疑是一种极大的缺陷。游客们在这里的购物消费因为没有引起购买欲望的旅游纪念品而被大打折扣。

海南省海口市杨灿军认为海南未来旅游文化产品的市场前景很广，于是组建创业团队成立了海南热带语林文化传播有限公司。开发有创意、有档次、有纪念意义的旅游商品，既是弥补海南旅游纪念品短板，推动海南文化创意产业与旅游业协调共同发展的迫切需要，也是符合海南绿色环保产业发展要求、具有增长潜力的创业项目。该团队经过深入市场调研，收集整理了大量本土民族文化，特别是非物质文化遗产，进行了传统文化与时尚元素相结合的设计，形成了集经济价值、文化价值、审美价值、使用价值和收藏价值为一体的系列产品。

该公司有独特理念的设计人员，可以将海南的民俗文化很好地融入产品设计里；现有的场地和设备，可解决办公和少量产品出样；部分设计形成产品，在市场试销，如果反应好，需扩大经营。

公司成立一年来，不断更新和完善产品设计，推出新产品，打开了市场。目前公司已步入经营正轨，发展势头良好。

思考与练习

在上面这一案例中，杨灿军发现自己遇到的创业中的几个关键问题还需要解决，于是请教了海口的创业指导人员张老师，希望在以下四方面给予指导：

1. 产品如何定位?

2. 产品如何推广？

3. 创业团队的股权如何划分?

4. 对外合作应该注意些什么？

如果你是创业指导人员，你将如何对他现在的创业项目提供指导。

第三单元　培训服务

学习要点一　创业培训课程推介

一、创业培训课程内容

创业培训课程体系如图 4—12 所示。创业课程内容及其价值参见表 4—19。

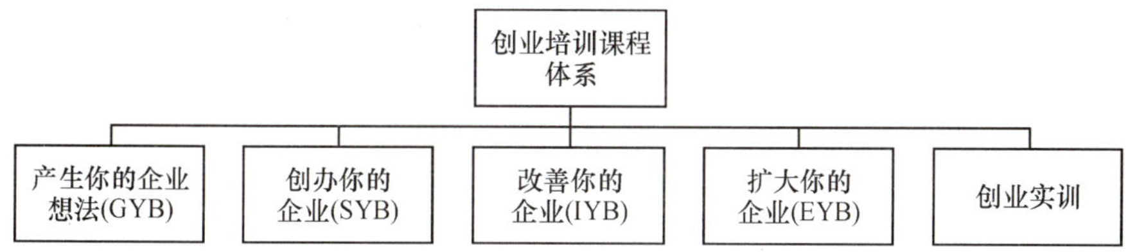

图 4—12　创业培训课程体系

表 4—19　创业课程内容及其价值

课程名称	适合人群	课程价值
产生你的企业想法（GYB）	主要面向有创业意愿但无具体创业想法的学员	1. 通过评估自身的企业家素质，帮助学员确定是否适合经营企业 2. 通过头脑风暴等方法，帮助学员产生许多企业想法 3. 帮助学员梳理每一个企业想法，挑出其中明确可行并适合自身性格和所处环境的企业想法
创办你的企业（SYB）	主要面向有创业想法的学员	1. 帮助学员清楚了解我国有关小微企业的法律要求 2. 帮助学员制订各种运行计划，包括企业人员配置、市场营销计划、核算产品成本、制订财务计划 3. 帮助学员将各种运行计划整合为一个创业计划书，有助于学员获得金融机构的资金支持

续表

课程名称	适合人群	课程价值
改善你的企业（IYB）	主要面向已经创办企业的创业者	通过市场营销、成本核算、存货管理、企业计划、采购、记账、人与生产力7个课程，使微型和小型企业的老板能够为企业的主要职能部门建立基本管理系统，从而改善企业管理、增强盈利能力
扩大你的企业（EYB）	主要面向有扩大企业发展愿景的创业者	使创业者能够规划并成功实施企业增长计划
创业实训	主要面向有创业愿望的劳动者和初创企业的经营管理者	创业模拟实训作为创业培训实践教学的一种形式，是指学员在虚拟商业环境中，进行企业创建和企业经营管理等创业活动的学习与演练的过程。通过创业模拟实训，积累学员创业和就业实践经验，增强创业和就业能力，降低创业成本和风险，提高创业成功率和企业存活率

相关知识链接

创业模拟实训的技术要求

创业模拟实训的技术产品需符合国家相关法律规定及相关技术规范的要求。设计所依据的模型科学严谨，模拟商业环境需具备真实市场环境的全部要素和环节，操作方式遵循实际商业规律，运营方法符合企业实际运营流程。

（1）创业模拟实训的内容

创业模拟实训的技术产品能够达到帮助创业者增强创业意识、掌握创业知识、提高创业能力的要求。它包含创建企业、经营和管理企业等基本内容，见表4—20。

表 4—20　创业实训课程内容

纲要	项目	内容细分
基本内容	创业者自我认知	1. 创业者特质：动机、性格、气质、爱好、特长、行为取向等 2. 创业者能力：风险承担能力、决策能力、管理能力、沟通能力、谈判能力等；包含相应自我认知工具，如测评体系
	创业项目选择	包括寻找创业项目的方法、分析商业机会的工具、筛选创业项目需要注意的事项等
	企业选址	包括企业选址影响因素、基本方法及核心步骤
	创业团队组建	包括创业团队的类型和特点、组建创业团队的基本方式
	企业法律形态选择	包括创办小微企业的法律形态类型、特点以及相关要求
	创业资金的筹集	包括创业启动资金的预测和计算、资金筹集的基本渠道和手段
	创业计划制订	1. 创业计划制订的基本方法 2. 创业计划书包含：摘要、公司简介、市场分析、竞争分析、产品服务、财务计划、风险分析、内部管理等基本内容
	企业创建的基本注册流程	符合国家相关企业注册登记法律规定的基本流程
企业经营和管理	市场营销	包括市场调查和预测、市场细分、市场定位、市场营销计划等基本内容
	采购和存货管理	包括采购流程、谈判和议价、存货管理步骤和方法等基本内容
	人力资源管理	包括员工招聘、培训、绩效考核、薪酬管理等基本内容
	财务管理	包括收入和成本管理、现金管理、盈亏平衡点分析、投资收益分析、风险分析、财务报表、税务等基本内容
	生产服务管理	生产服务的基本流程、生产服务过程需要注意的事项

(2) 创业模拟实训的方式

1) 计算机仿真软件：学员通过自主操作计算机，利用仿真软件模拟演练创建企业、经营管理企业的过程。

2) 互联网仿真平台：学员通过自主操作计算机，利用互联网创业仿真平台，模拟演练创建企业、经营管理企业的过程。

3) 实体模拟沙盘：学员利用实体商业道具，通过与其他学员的合作或竞争方式，模拟演练创建企业、经营管理企业过程。

4) 其他方式：将上述几种方式有机结合，实现实训过程。

二、培训项目推介前期调研方法

项目受众推介调研工作十分重要，创业指导人员帮助创业培训机构能找出市场上存在的与机构自身的竞争优势和组织任务最为吻合的学员；挑选出对产品的潜在需求最高，并且在可能的情况下购买能力最强的创业者；了解到最符合培训项目要求的学员需提供哪些有针对性的培训服务。培训项目推介前期调研方法见表 4—21。

表 4—21　培训项目推介前期调研方法

名称	目标受众	调研方法
GYB	面向有创业意愿但无具体创业想法的学员	委托学校、居委会、村委会等相关部门进行摸底式访谈，了解目标受众对课程的参与意愿
SYB	面向有创业想法的学员	培训机构可采用面对面访谈调研、调查问卷、网络问卷、电话垂询、会议式集中调研等市场调研方法收集受众需求及其对项目的期望
IYB	面向已经创办企业的创业者	诊断式调研：采用上门面谈、电话或网络交流等方式，与小企业主一对一深入沟通，了解企业的经营状况与管理漏洞
EYB	面向有扩大企业发展愿景的创业者	通过行业组织或政府主管部门收集目标受众，由讲师上门或电话、网络采取一对一的培训需求调研

续表

名称	目标受众	调研方法
创业实训	面向有创业愿望的劳动者和初创企业的经营管理者	通过课堂教学过程收集学员信息或与行业协会合作获取培训需求，了解行业专业技能与实际操作，根据行业共性设计创业模拟实训

三、项目推介的方法

项目推介的方法见表4—22。

表4—22 项目推介的方法

推介方法	推介载体或物料
项目专题推介会	X展架、主题背景喷绘、推介宣传册、系列课程海报、纪念徽章、纸袋、铅笔与笔记本等
项目主题平面广告推介	公交站台广告、地方杂志内页或封面、地方报纸媒体商业版块、商业资讯DM单张、合作机构办公区墙体喷绘广告、城郊主干道墙体标语广告、电梯框架广告、楼道视频广告等
媒体软文报道推介	地方纸媒、电视台、电台对项目活动新闻式报道
邮递信函推介	推介宣传册、系列课程海报
电话推介	电话推介话术与话术范本
网络推介	当地政府职能部门官方网站或本地官方创业网论坛
学员口碑推介	课程海报、纪念徽章、纸袋、DM单张
政府职能部门窗口推介	职能部门人员推介话术、官方短信平台点对点推介
项目DM宣传单张推介	合作机构人员或学员派发项目DM单张
合作机构人员上门推介	机构人员带项目DM单张上门推介

四、创业培训项目推介流程

创业培训项目推介流程如图4—13所示。

1. 目标受众调研

采取与项目相适应的调研方法接触目标受众。

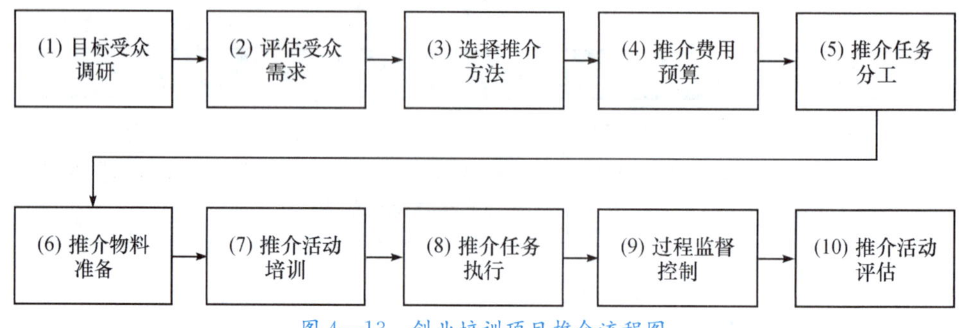

图 4—13 创业培训项目推介流程图

2. 评估受众需求

采集和整理创业者需求信息。

（1）对服务对象的个性特质、创业能力、创业资源进行测评，形成书面测评报告。一对一分析测评报告，提出相应课程项目服务建议。

（2）建立测评档案。

3. 选择推介方法

采取目标受众喜闻乐见、到达率高、低成本推介载体方案，制订推介活动目标。

4. 推介费用预算

依照推介方法所需物料，对每项制作或采购价格核实后获得推介费用总额。

5. 推介任务分工

组织相关人员以会议形式讨论推介任务分工，形成《推介执行方案》。

6. 推介物料准备

按照推介预算表采购或制作物料。

7. 推介活动培训

按照《推介执行方案》分工内容进行执行前例行培训。

8. 推介任务执行

按照《推介执行方案》要求规范执行。

9. 过程监督控制

按照《推介执行方案》要求监督控制。

10. 推介活动评估

评估推介目标达成程度，总结经验，为下次推介活动累积基础，形成《推介活动效果备忘录》并存档以备未来参考查阅，多次执行后形成《项目推介方案》。

学习要点二　培训登记

一、前期准备

为方便学员迅速了解培训项目内容，创业指导人员应通过前期工作对学员情况进行初步了解，培训机构前期应准备好学员培训登记表备用。

当你在向潜在学员群体发放相关的宣传资料、推介培训项目时，你应该向他们提供一份参加培训项目申请表。申请表用来收集申请人的下列基本信息：工作经验、创业背景、计划中或已经拥有的企业种类、资金筹集、承诺。

二、登记接待流程

登记接待流程见表4—23。

表4—23　登记接待流程表

接待方式	内容和说明
现场接待	创业指导人员对前来咨询参训的对象需要先做好对被指导对象的基本情况的了解和引导。创业指导人员需要熟悉相关的政策和业务流程、相关服务项目的分类和要求，并指导参训者填写各类培训申请登记表格，引导创业者完成申请培训工作
电话垂询接待	通常电话答疑的环境需要相对安静的场所，外部干扰少，有合适的记录和查找资料的硬件设施，并可提供便携通话用耳麦
网络咨询接待	在培训申请过程中，很多人会选择通过一些网络软件来咨询，比如使用QQ、MSN等文字、语音、视频通信软件和E-mail通信
表格填写指导	创业指导人员一对一对参训者的培训疑问进行指导
填写表格	按照培训项目要求填写培训申请表格

学习要点三　培训面试筛选

一、面试筛选的意义

根据学员自身条件的不同，创业指导人员应该帮助学员选择适合自己的创业培训种类。选择学员的意义如下：

1. 只有学员达到最低入学标准，才能保证培训质量。
2. 区分满足不同的学员需求，以达到学员满意度。
3. 保证讲师具有良好的培训业绩，促进职业教育的发展。
4. 符合学员和讲师双方的近期和长远利益。
5. 保证创业培训项目在中国可持续发展，是中国创业培训项目品牌的需要。

二、培训筛选标准

培训筛选标准见表 4—24。

表 4—24　培训筛选标准

类型	标准要求
GYB 培训课程	1. 愿意并有能力创办自己的企业 2. 缺少可行的企业想法
SYB 培训课程	1. 愿意并有能力创办自己的企业 2. 已有初步可行的创业想法
IYB 培训课程	1. 小企业的老板兼经理 2. 企业已经经营了至少 6 个月
EYB 培训课程	1. 拥有 10～200 名雇员的企业的老板或高层管理者 2. 至少掌握与企业管理有关的知识，如市场营销、成本核算等 3. 积极寻求企业增长方面的战略性建议与咨询服务 4. 需要制订一份需要被银行认可的企业增长计划

续表

类型	标准要求
创业实训课程	掌握一定的计算机应用操作能力（选择性条件，根据实训产品类型而定）
全系列课程基础要求	1. 具备一定读写和计算能力 2. 愿意至少承担一部分培训费用

三、培训面试筛选工具

培训筛选评分统计表见表 4—25。

表 4—25　培训筛选评分统计表

序号	申请人姓名	工作经历	企业背景与特性	企业构思	资金筹集	学习承诺	个人得分	含 0 分的项目	入学意愿选择(Y/N)

注：凡含有“0”分项的申请者不能参加培训项目。

小贴士

创业培训筛选评分统计表分值设定

1. 选项包括：工作经历、企业背景与特性、企业构思、资金筹集、学习承诺 5 个方面。选项的最高分为 5 分，最低分为 0 分。

2. 创业指导人员根据学员培训申请登记表的内容与面试情况给予打分。

3. 创业培训申请登记表请参照 GYB、SYB、IYB、EYB 相关规定格式。

面试能力笔试表见表4—26。

表4—26 面试能力笔试表

1. 请列出计算产品的总成本（应该考虑所有不同的成本）
2. 企业计划主要由哪几部分构成？
3. 市场营销计划有哪几个主要部分？
4. 请尽量列出你知道的职工的保险福利种类。
5. 安全和卫生的工作环境由什么构成？

小贴士

创业培训面试能力笔试表说明

1. 创业指导人员根据适合学员培训的课程内容设计笔试题。

2. 笔试题参照GYB、SYB、IYB、EYB、创业实训项目内容设计。

思考与练习

小刘是一名创业培训合作机构的职员，上司下达开办一期改善你的企业(IYB)创业培训班的任务给他，因为本地之前只有开办免费创办你的企业(SYB)创业培训班的经验，公司想尝试开办收费IYB创业培训班，但又不知道如何下手。公司认为，这期收费的IYB创业培训班应该用市场运作的方式才能获得成功，于是找到就业服务部门的创业指导人员冯老师，希望他能够给予一些指导。

1. 如果你是创业指导人员，应该如何帮助小刘开展推介工作?
2. 你认为怎样进行沟通与辅导才能真正帮助小刘将IYB培训推介成功?

第四单元　孵化服务

学习要点一　孵化服务的概念

一、孵化服务的概念

“孵化服务”是借喻于动物育种孵化的一种“情态服务”过程，如图 4—14 所示。

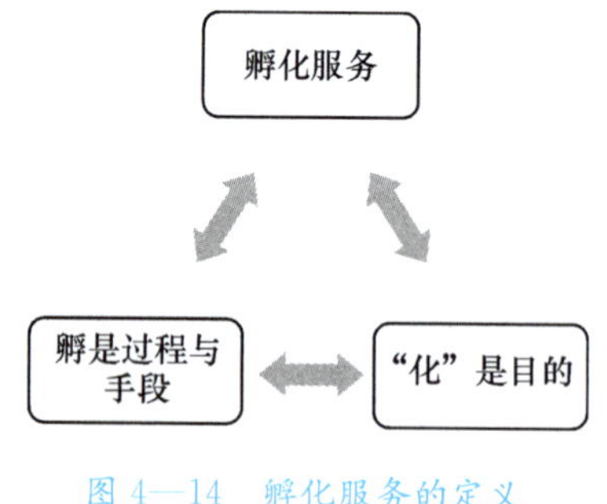

图 4—14　孵化服务的定义

在创业指导服务中，赋予孵化服务以“真爱”而抚育、培育、牵引的内涵，把孵化服务的核心价值观界定为“因成就他人而成就自我”。

孵化的目的是“化”，过程和手段是“孵”。

创业指导中的“孵化服务”，通常是指为创业个体或创业企业提供其创业成长所需的开业指导服务——通过提供研发、生产、经营的场地，通信、网络与办公等方面的共享设施，系统的培训和咨询，政策、融资、法律和市场推广等方面的支持，降低创业企业的创业风险和创业成本，提高企业成活率和成功率的新型社会经济组织，如图 4—15 所示。

创业指导中孵化的类别与定义，见表 4—27。

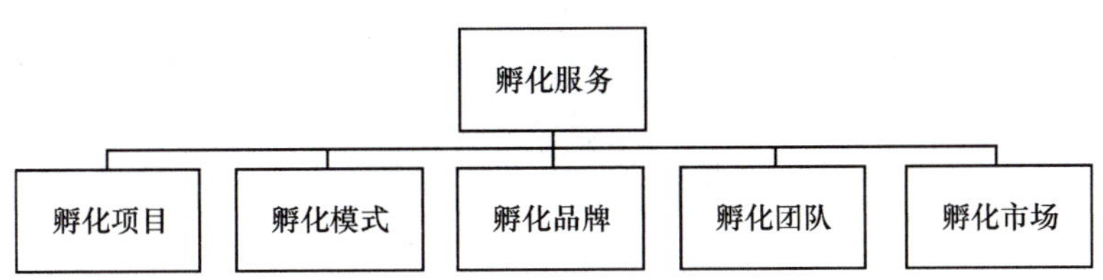

图 4—15　孵化服务

表 4—27　创业孵化类别与定义

	服务系统	类别	定义
孵化服务	孵化项目	孵化核心项目	核心项目是企业生存与发展的根本，衍生项目是企业多元化、集团化发展的驱动因素
		孵化衍生项目	
	孵化模式	孵化商业模式	提升企业商业、管理的标准性形式或固定格式
		孵化管理模式	
	孵化品牌	孵化品牌内核	品牌外形与品牌内核相一致，品牌才真正具有张力
		孵化品牌外形	
	孵化团队	孵化骨干领导	提升企业“人”的整体思考力、创新力
		孵化企业思维	
	孵化市场	孵化营销市场	孵化营销市场，就是孵化和营造消费者主动消费的趋势，而消费者主动消费的驱动力量正是因传播而生成的位势
		孵化传播市场	

二、孵化服务的内容

孵化服务界定如图 4—16 所示。创业孵化服务内容明细见表 4—28。

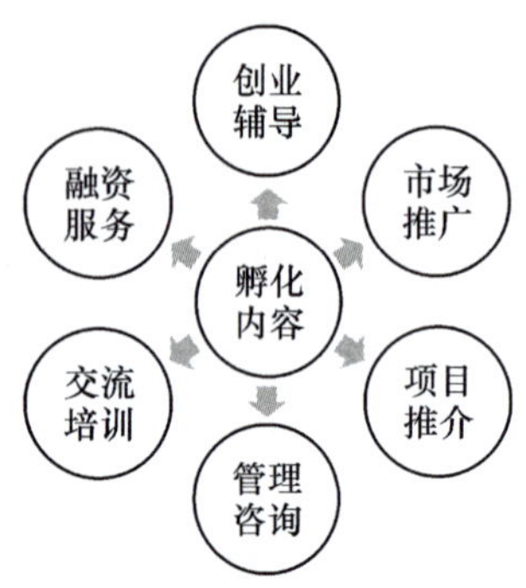

图 4—16 孵化服务界定

表 4—28 创业孵化服务内容明细

孵化内容	服务明细
创业辅导	创办咨询、注册登记、政策落实
市场推广	产品推介、展会展览、产品对接
项目推介	项目申报、新闻发布、工程咨询
管理咨询	企业诊断、商业策划、管理运营
交流培训	业务培训、创业论坛、技术交流
融资服务	孵化资金、融资策划、银企对接

小贴士

创业孵化的定义

创业孵化，指为初始创业者提供共享服务空间、经营场地、政策指导、资金申请、技术鉴定、咨询策划、项目顾问、人才培训等多类创业的服务。

相关知识链接

一、我国创业孵化的发展状况

我国孵化起源于20世纪80年代中后期，1987年我国诞生了第一个科技企业孵化器——武汉东湖创业服务中心。经过25年的发展，科技企业孵化器的数量持续增长，孵化能力不断增强。

目前，我国已经形成具有较大规模的孵化器队伍，数量位居世界前茅，列发展中国家之首。经过孵化器这个“高新技术企业摇篮”培育的科技型中小企业得到了很好的发展，不仅涌现出一大批成熟的毕业企业，为我国高新技术产业发展提供了源源不断的后备力量，而且一批毕业企业已经成为高新技术产业发展中的中坚。科技企业孵化器已经成为我国高新技术产业发展的重要因素。

1. 孵化器数量增长迅猛，规模不断扩大。

2. 培育了一大批科技型企业和企业家，为经济发展和产业结构调整作出了贡献。10多年来，累计毕业了9 565家企业，其中30家成为上市企业。目前在孵的创业企业有31 385家，为营造创业氛围、培育企业和企业家发挥了重要作用。

3. 为鼓励科技人员创业和创造新的就业机会，维护社会稳定作出了贡献。10多年来，孵化器直接创造的新增就业岗位约50万个，58家大学科技园和45家留学人员创业园吸引了数万名科技人员创业，为鼓励大学和海外科技人员创业发挥了重要的引导作用。

二、我国企业孵化器的发展趋势

我国企业孵化器的发展已形成自己的特色并开始呈现多种形态。孵化器正朝着形式多样化、功能专业化、投资主体多元化和组织网络化方向发展，见表4—29。

表 4—29 我国企业孵化器的发展趋势

趋势	表现
形式多样化	不仅有综合性的创业中心，而且近年来发展了一批留学人员创业园、大学科技园和海外创业园等。如今，已依托清华大学、上海交通大学、重庆大学、四川大学等高等院校建立了 58 家大学科技园孵化器；北京、上海、苏州等地依托创业中心和高新区建立了 50 多家留学人员创业园，为海内外留学人员和海外华人提供创业的全程服务；在美国、俄罗斯、新加坡、英国等地建立了海外创业园
功能专业化	兴建了一批以中小型的软件开发企业为主要培育对象的软件园；上海张江生物医药孵化器、北京医科大学医药孵化器、北京 863 软件孵化器、北京北内制造业孵化基地、北京新材料孵化器、陕西杨凌农业专业孵化器、天津塘沽海洋技术专业孵化器等一批专业技术孵化器已经投入运营
投资主体多元化	除了政策性孵化器外，商业性孵化器的发展呈现良好态势；管理体制已从事业型为主，向企业型、事业单位企业化管理并重模式转变。一批国有和民营大中型企业、风险投资机构和跨国公司已经在我国创建了企业孵化器
组织网络化	为促进孵化器优势互补、协同发展，企业孵化器的工作组织网络也应运而生。1993 年高新技术产业开发区协会建立了高新技术创业服务中心专业委员会，这是第一个全国性的科技企业孵化器网络（组织），目前已拥有 100 多家正式会员，每年都举办研讨、交流活动并与国外同行建立联系。设立在科技资源比较丰富的中心城市，连接本城市各类型孵化器的城市孵化器网络，目前已在北京、上海、武汉等地建立；中西部 12 个省市，华北、东北和华东地区先后建立了区域科技企业孵化器网络。此外，我国还积极参与了国际孵化器网络组织的有关活动

学习要点二　创业孵化的作用

一、创业孵化的作用与意义

创业孵化的作用与意义见表4—30。

表4—30　创业孵化的作用与意义

类别	作用	具体意义
社会价值性	满足了社会公益性要求	社会的公益性服务，是社会管理者为提高公平争议的管理服务水准，为“缩小社会阶层差异，增加共同富裕机会”而提供的公共服务
	体现了公共服务特征	依托社会公共设施或公共资源为创业企业或创业者提供指导服务
		为社会上所有类型的创业企业——小微企业、中小企业、成长型企业以及各类创业者提供指导服务
		面向社会全体创业企业与创业者的准公共物品服务
功效价值性	促进创业项目的商务转化与实现，提升创业成功率	是商务创想商业化或产业化的有效加速器，是培育创新型小微企业与成长型中小企业的摇篮
	聚集创业需要的资源优势与资讯，提升创业牵引力	使得一般的创业谋划者、初期创业者能更好地分享到成功创业者的成功经验，并更好地规避失败创业者的失败路径
	借助创业孵化的系统训练与指导，提升社会就业力	让更多的城市社区草根创业者，或大学生创业者，或城市化进程加速带来的新市民（新移民）创业者，通过“创业孵化”而获得更多的“创业就业”机会，从而大大缓解政府管理机构面临的巨大就业压力
	依托创业孵化的整体开展与施行，提升区域创新力	带动大量创业企业的快速成长和集群创新型企业的批量成长，可实实在在为区域经济发展提供活力和动力，进而促进区域产业结构调整和经济发展

续表

创业孵化对地方政府所作的贡献主要体现在对地方财政的贡献和对增加国民就业机会的贡献。而对创业企业及创业者的助力作用则主要体现在：让想就业的人顺利就业，让想创业的人成功创业，让已创业的人走向卓越

二、创业孵化器的基本功能

各类创业孵化器的基本功能见表4—31。

表4—31　各类创业孵化器的基本功能

功能分类	具体内容
代理服务	包括代办工商注册、税务登记、专利申请、商标注册、报关等服务
中介服务	为创业者牵线搭桥，沟通与大学、研究机构、企业之间的联系，为相互之间的技术、经济、贸易等合作提供中介
咨询服务	为创业者提供法律、政策、财务、会计、知识产权、人力资源、技术贸易、商品贸易等方面的咨询服务，帮助创业者制订创业计划、企业发展计划等
融资服务	为创业者沟通各种融资渠道，有针对性地向商业银行、风险投资机构、信用担保机构、投资公司、大企业和个人推荐孵化项目，促进相互间的合作
技术服务	提供产品设计、工艺设计、中间试验、新产品试制、技术实验、技术检测等技术创新支持与服务，提供科研仪器和实验室等
人力资源服务	通过培训班、研讨会等培训创业者及员工，协助企业制订人力资源发展计划和招聘新员工，完善孵化企业人力资源管理，代管孵化企业党组织关系、团组织关系和工会组织，培育科技企业家
信息服务	向创业者及时提供各种产（行）业、技术、经济和政策等信息

续表

功能分类	具体内容
推荐孵化企业	协助孵化企业树立企业形象，向政府、新闻媒体等推荐孵化企业，推荐申报各种科技计划和国家中小型科技企业创新基金等
组织交流活动	组织孵化企业参加国内、国际各种技术或者产品的展览、展示活动，协助孵化企业开展国际合作
落实优惠政策	帮助孵化企业落实财税、科技、人才、金融、外贸、海关等优惠政策

学习要点三　孵化服务的种类和发展

一、孵化器和企业孵化器的含义

1. 孵化器

孵化器概念从国外引进，在经济领域，指一个集中的空间，能够在企业创办初期举步维艰时，提供资金、管理等多种便利，旨在对高新技术成果、科技型企业和创业企业进行孵化，以推动合作和交流，使企业“做大”。

2. 企业孵化器

企业孵化器是一种新型的社会经济组织。通过提供研发、生产、经营的场地，通信、网络与办公等方面的共享设施，系统的培训和咨询，政策、融资、法律和市场推广等方面的支持，降低创业企业的风险和成本，提高企业的成活率和成功率。

企业孵化器在推动高新技术产业的发展，孵化和培育中小科技型企业，助力其他各类成长型小微企业上路，以及振兴区域经济，培养新的经济增长点等方面发挥了巨大作用，引起了我国政府的高度重视，企业孵化器也因此在全国范围内得到了较快的发展。

企业孵化器拥有五大要素，如图 4—17 所示。

企业孵化器为创业者提供良好的创业环境和条件，帮助创业者把发明和成果

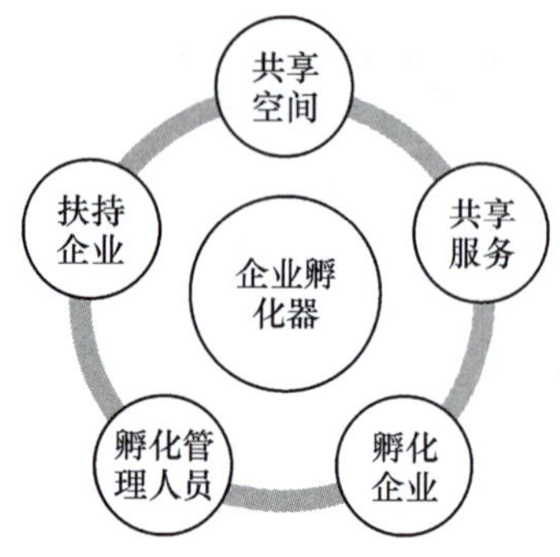

图 4—17　企业孵化器 5 要素

尽快形成商品进入市场，提供综合服务，帮助新兴的小企业迅速长大形成规模，为社会培养成功的企业和企业家。

二、企业孵化器的运行模式

企业孵化器在早期阶段基本上由政府经营，近年来情况发生了变化，政府扶持、企业经营的孵化器项目越来越多，类别也由单一的高科技孵化器或综合孵化器向广谱企业孵化器或专类孵化器方向转变，见表 4—32。各类企业孵化器的特点见表 4—33。

表 4—32　企业孵化器运行模式

模式类型	投资主体	经营主体	经营目标
完全事业型	政府	政府科技管理部门或高新技术开发区下的一个事业单位；孵化器机构工作人员由政府派遣；运作经费来自政府全额拨款或部分拨款	按政府发展目标或为高新开发区培育企业，提供技术依托。在经济运行上，不进行自我平衡
事业企业型	政府或社会团体	政府委托经营或企业经营，即国内常说的事业单位企业管理形式	政府给予一次性投入后，形成资产运作，以拥有的资产运作实现收支平衡

续表

模式类型	投资主体	经营主体	经营目标
企业型	企业为主，政府和其他社会团体参与	公司制、法人治理结构	资产保值、增值。经营各类综合孵化器、专业孵化器，常与风险投资、大学、教育培训机构结合在一起，实现资源多方面综合性利用，以提高经济效率

表 4—33　各类创业孵化器特点

模式类型	特点
完全事业型	1. 完全事业型模式的经济来源来自政府，其持续发展能力受政府政策的影响，其创新能力有限 2. 给创业企业无偿提供场地、服务资源，有利于企业创业起步，但与它们的关系松散。由于组织形式为政府部门的延伸，容易出现为创业企业提供的服务停留在表面、办事效率慢等问题 3. 适应于处于起步发展阶段的企业孵化器，也适应于需要政府重点扶持的专业孵化器，如留学人员创业园、计算机软件园等
事业企业型	1. 从政府和自身服务两方面取得经济支持，有一定的持续发展能力，由于要从孵化服务获取收入，促进了其孵化的创新动力，也提高了孵化器的活力，但孵化器尚无自身发展能力 2. 为企业提供了降低创业成本和创业风险的资源支持，有利于创业企业的成长，由于组织形式企业化和利益与创业企业共同化，提高了其服务效率 3. 目前在我国以政府为投资主体的企业孵化器的经营管理中广泛采用，适合综合性孵化器

续表

模式类型	特点
企业型	1. 它是一种高度市场化的模式，能实现资源的合理配置，有较强的自我积累、自我发展能力。同时，由于孵化器有自主经营权，大大提高了孵化器的创新能力，它常结合风险投资一起发展 2. 它能使企业孵化器从全方位培育企业的成长，并从中获得收益。故它能解决在孵企业的成活率和成功率问题，能较好地促进科技产业的形成 3. 它在发达国家取得成功的比较多，如美国有一大批企业型的孵化器在支持新经济的形成。目前我国有一批由风险投资企业、上市公司和大学等多元投资主体建立的企业型孵化器正在兴起。这种模式适应多种形式的孵化器，是企业孵化器的发展方向

三、创业孵化器的现实种类

创业孵化器的现实种类见表4—34。

表4—34　创业孵化器的现实种类

种类	现实种类
按服务对象划分	传统的有较大影响的主要有：高新技术创业服务中心、国家留学人员创业园、国际企业孵化器、国家大学科技园等 新型的有较大影响的主要有：中小企业创业孵化园、都市楼宇工业创业园、微型企业创业孵化基地、大学生创业孵化基地、创意产业创新创业基地等
按服务方式划分	1. 提供综合性孵化服务的企业孵化器，统称综合性企业孵化器。此类主要以各地的“高新技术创业服务中心”“国际企业孵化器”“国家大学科技园”为代表 2. 提供专业性孵化服务的企业孵化器，通称专业性企业孵化器。此类主要以各地新生的“互联网创意产业园”“微型企业创业孵化基地”“大学生创业孵化基地”为代表
按服务运行划分	一类：高科技园区创业中心，二级公司类的企业孵化器 二类：建在大学科技园的企业孵化器 三类：市、区两级政府科技部门，劳动就业部门等创办的企业孵化器 四类：专业技术类型的企业孵化器 五类：衍生类别的孵化器 六类：新生的各类劳动技能专业孵化器

小贴士

目前我国最常见的创业孵化器

1. 共青团青年就业创业见习基地
2. 创业孵化园
3. 科技孵化园

学习要点四 创业孵化基地（园）的认定与管理

一、什么是孵化基地

创业孵化基地是指为创业者提供生产、管理经营所需场地并提供创业指导、融资服务、管理咨询、人才培训、技术创新、事务代理、法律援助等服务的实体，如图4—18所示。统筹安排创业所需的生产经营场地，搞好基础设施及配套建设，保障创业场地。在土地利用总体规划确定的城镇建设用地范围内，或利用原有经批准的经济技术开发区、工业园区、高新技术园区、大学科技园区、小企业孵化园等建设创业孵化基地，为进入基地的小企业提供有效的培训指导服务和一定期限的政策扶持，增强创业企业的经营管理和市场竞争能力，提高创业稳定率。

创业孵化器 → 创业孵化基地

图4—18 孵化基地是创业孵化器的延伸

创业孵化基地提供的服务主要包括孵化厂房（硬件）和孵化服务（软件）两大要素服务平台，如果4—19所示。孵化对象也由单一的项目孵化向企业孵化、产业孵化以及产业链延伸等全方位孵化方向发展。通过为创业者和初创企业低租金提供孵化厂房和低成本提供孵化服务，达到降低创业成本，提高创业成功率和市场竞争力的目的，进而促进小企业的生存与发展。

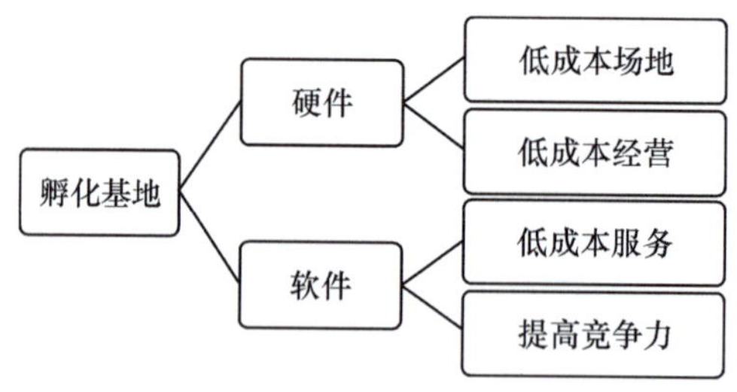

图 4—19 创业孵化基地提供的服务

二、创业孵化基地的功能

创业孵化基地的基本功能包括以下几点，具体见表 4—35。

1. 提供生产经营场地和基本办公条件。

2. 协助孵化对象办理开业手续。

3. 创业项目的开发和对接，引进融资服务。

4. 提供法律、会计、审计、评估、专利、企业管理、战略设计、市场策划、国际营销等咨询服务。

5. 协调相关部门，帮助孵化对象享受政府鼓励创业优惠政策和其他扶持措施；对进入创业孵化基地的自主创业者，应给予适当租金减免。

6. 开展创业指导、创业培训和企业管理业务培训。

表 4—35 创业孵化基地的整体功能

类别	整体功能
硬件	提供生产经营场地和基本办公条件
软件	1. 协助孵化对象办理开业手续 2. 创业项目的开发和对接，引进融资服务 3. 提供法律、会计、审计、评估、专利、企业管理、战略设计、市场策划、国际营销等咨询服务 4. 协调相关部门，帮助孵化对象享受政府鼓励创业优惠政策和其他扶持措施；对进入创业孵化基地的自主创业者，应给予适当租金减免 5. 开展创业指导、创业培训和企业管理业务培训

续表

类别	整体功能
拓展服务	1. 完善市场定位功能，帮助入孵企业准确把握市场，提升产品的市场竞争能力 2. 完善科技成果转化功能，实现研究开发与产业（产品）之间的“接力”作用，以促进科技成果的转化和应用 3. 完善项目储备和审查评估功能，储备一批投资小、见效快的小型或微型项目推介给创业者，帮助入孵企业搞好项目审查和评估，促进项目、人才、资金在孵化基地内的有效结合 4. 完善产业培育功能，围绕龙头（核心）企业培育配套企业群，尽快使产业相关联的小企业完成产业化，形成一定规模的企业集聚群，不断向产业集群的方向发展 5. 完善要素集成功能，将资金、技术、人才、信息、管理、市场等各种资源加以整合和集成，实现创业孵化基地对资源的优化配置 6. 完善资金融通功能，帮助入孵企业掌握和利用政府对各产业的相关优惠政策，协调银行贷款，做好引资策划，争取风险投资和股权融资等

相关知识链接

我国科技成果转化率只有15%左右，技术进步对经济增长的贡献率只有29%，远低于发达国家60%～80%的水平，高科技企业的产值在社会总产值的比例仅为2%。我国高校长期承担着我国大量的科技项目，目前全国基础研究项目的60%、“863”计划项目的40%、国家攻关项目的25%由高校承担，但仅有10%～15%的科技成果能够成功转化为生产力。科技成果的转化是“量”大“质”跟不上，而创业孵化基地的建立，为科技成果转化提供了一定的环境条件。必要的现代化设施设备，较为灵活的政策机制，链接科技链和社会产业链，并通过政策、知识、技能的培训，加强了产、学、研的结合，最终加快了入孵企业的科技成果转化。

三、创业孵化基地的种类

创业孵化基地的种类见表4—36。

表4—36　创业孵化基地的种类

类别	具体种类
职能隶属关系分类	国家级创业孵化基地
	省级创业孵化基地
	市、县（区）级创业孵化基地
投资主体分类	政府创办的创业孵化基地。在发展初级阶段，创业孵化基地大都由各个省市的政府全额或部分投入为行政服务机构或事业单位，实行政府管理，是政府职能的一种延伸，不求经济效益，而求社会效益，如留学生创业园、省级创业孵化基地、高校和政府联办的大学创业园等
	多元化合资创办的创业孵化基地。由政府、大学、科研机构、投资公司、房地产公司等合资或者合作创办的创业孵化基地，这是一种官、产、学、研、金相结合的形式。政府投入一定的经费，并制定和实施特殊的创业优惠政策；大学、科研所鼓励创业孵化基地进行科技成果的转化；投资公司投入资金；房地产公司则以物业作家入股或者以物业投资收取租金

相关知识链接

人力资源社会保障部办公厅关于推荐认定首批国家级创业孵化示范基地有关问题的通知（人社厅发〔2012〕82号）

各省、自治区、直辖市及新疆生产建设兵团人力资源社会保障厅（局），各副省级市人力资源社会保障局：

2012年4月，我部下发了《关于推进创业孵化示范基地建设进一步落实创业帮扶政策的通知》（人社部函〔2012〕108号，以下简称《通知》），要求各地积极协调各方力量推进创业孵化基地建设，进一步落实帮扶创业实体的各项政策，切实加强对创业实体经营者的创业培训，不断完善创业孵化基地的服务功能，树立一批创业孵化示范基地。为落实《通知》提出的关于“在各地认定省级创业孵化示范基地基础上，我部将按照优中选优原则适时认定一批示范性强的国家级创业孵化示范基地”的安排，我部拟于年内认定首批国家级创业孵化示范基地。现就有关问题通知如下：

一、国家级创业孵化示范基地的基本条件

（一）政府批准设立或依法成立、以创业孵化为主营业务的独立法人机构，无违法违纪行为和未了结的法律、经济纠纷；

（二）拥有一定规模的创业孵化场所、附属设施及必要的配套基础设施，在孵创业实体不少于30户，提供就业岗位不少于300个；

（三）创业孵化功能完善，各项管理制度健全，政府明确的帮扶创业实体的各项政策落实到位，孵化效果明显，创业实体孵化成功率不低于50%；

（四）已被认定为省级创业孵化示范基地，发展前景良好，对全国具有较强的示范性。

二、国家级创业孵化示范基地的推荐认定程序

（一）省级人力资源社会保障部门推荐；

（二）人力资源社会保障部就业促进司组织考察评估后提出意见报部务会审定。

三、国家级创业孵化示范基地推荐材料要求

（一）省级人力资源社会保障部门推荐函；

（二）国家级创业孵化示范基地推荐表；

（三）推荐创业孵化示范基地视频短片。

四、首批国家级创业孵化示范基地推荐要求

首批国家级创业孵化示范基地的推荐工作要坚持优中选优的原则，具备条件的省份，每个省推荐的国家级创业孵化示范基地数量为1个，不具备条件的省份可不推荐。

附件：国家级创业孵化示范基地推荐表（见表4—37）

人力资源社会保障部办公厅

2012年9月21日

附件

表4—37 国家级创业孵化示范基地推荐表

基地名称			
地理位置		启用时间	
占地面积		建筑面积	
孵化面积		资产总值	
资产权属		资产性质	
在孵创业实体数量		提供就业岗位数量	
运营机构			

续表

机构代码		机构性质	
法人代表		联系电话	
电子邮箱		职工人数	
主管部门			
功能描述			
业绩描述			
获得荣誉			
主管部门意见			
市（区、地、州、盟）人力资源社会保障部门意见			
省（自治区、直辖市）人力资源社会保障部门推荐意见			
需要说明的其他事项			

五、基地认定的一般流程

创业孵化基地认定流程如图 4—20 所示。

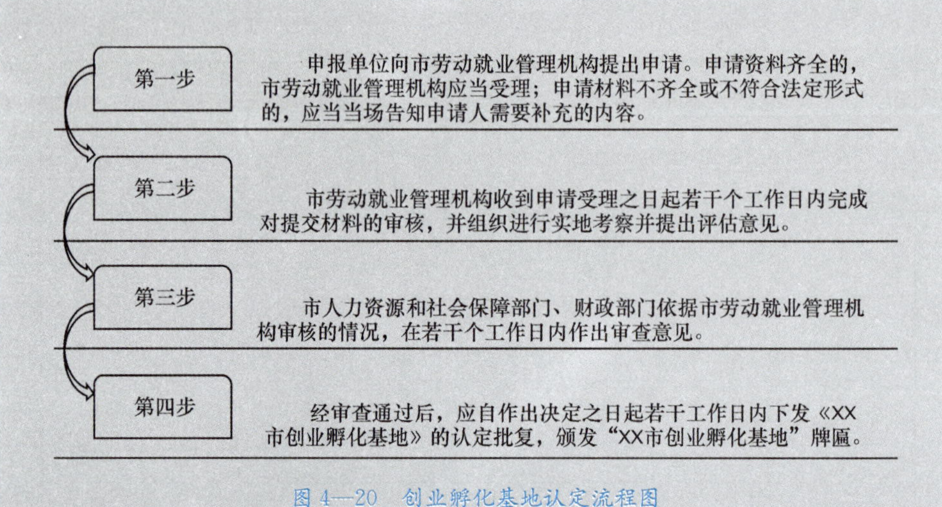

图 4—20　创业孵化基地认定流程图

思考与练习

【案例】

胡国林，家住天津市，是一名长期从事家电维修、销售方面工作的技工，对创业很有激情。这个行业他已经从事六、七年了，和妻子一直打拼到现在，辛苦为别人打工，除了养家糊口外，有存款 10 万元。夫妻俩正值而立之年，希望能够有番作为，但是 10 万元够做点什么呢？租个门面、装修下、买点机器就会所剩无几，还不说前期的销售拓展等。夫妻俩心中的“豪情壮志”很难施展，于是求助于社区领导，把自己的创业想法告知他们，希望有一个平台能够助他们一臂之力。

作为创业指导人员，你觉得胡国林可否借助孵化服务完成自己的创业梦想？

第五单元　创业计划指导

学习要点一　创业计划概述

一、创业计划

创业计划是给一个新企业定义发展战略、资源合理分配及分析顾客的需求的行动方案。对创业者来说，可能会有很多创业构思听起来很棒，但是当创业者对其创业构思进行调研、分析、规划的时候，结果往往会出乎意料。通过编制创业计划，创业者可以更详细、更真实地了解未来企业的运作过程和将会面对的环境。创业计划可以帮助创业者进行整体的规划和系统的思考。创业计划的作用主要体现在以下几个方面：

1. 创业计划会从不同方面对创业者的创业构思进行分析，以此评定创业构思的可行性。

2. 创业计划可以详细解释创业目标，为创业者经营未来的企业提供实现步骤及时间进度安排。

3. 创业计划可以向融资机构和投资者介绍商机，以此来吸引投资。

二、创业计划书

创业计划书是创业者将有关创业计划在书面上体现的行动方案。创业计划书可以起到创业可行性报告的作用，主要是衡量创业者的项目是不是具有可行性。创业计划书主要是对刚起步或者还未施行的项目进行计划、财务预算和 SWOT 分析，使得创业者的计划条例清晰，执行稳定，也可以使得投资者、潜在客户理解自己的项目，进而招商与发展业务。创业计划书是创业的第一步，也是始终贯彻创业项目的一个方针。创业计划书的质量往往会直接影响创业者能否找到合作伙

伴、获得资金（融资）及其他政策的支持。

1. 创业计划书的编写准备

（1）明晰创业构思

创业构思是指创业者的创业想法。创业计划是否具有可行性，首先体现在创业构思的可行性。明晰的创业构思意味着既要求有市场机会，又要求创业者有可以利用的技能与资源。明晰的企业构思能够帮助创业者完成创业计划书要说明的各项内容。

（2）确立创业计划书编写模块

创业计划书是阐述产品市场竞争、风险等未来发展前景和融资要求的书面材料。它既是寻找投资的必备材料，也是潜在创业者对自身的现状及所选择的创业项目进行调研分析、全面思索和验证其可行性的过程。高质量的创业计划书会帮助创业者找到合作伙伴、获得不同渠道的融资及其他政策的支持。因此，创业计划书的阅读对象会有所不同，如创业计划书是要写给投资者，还是要拿去银行贷款。对于创业者来说，依据不同的目的来写，创业计划书的重点也会有所不同。

2. 创业计划书的编制流程

对于创业者来说，创业计划书的撰写往往耗时较长，且在撰写的过程中会遇到一些困惑苦恼的事情。其实，有价值的创业计划书是需要分步骤进行的。分步完成创业计划书会让创业者工作变得轻松、简单。大致而言，创业计划书可从以下几个方面循序渐进地进行，如图4—21所示。

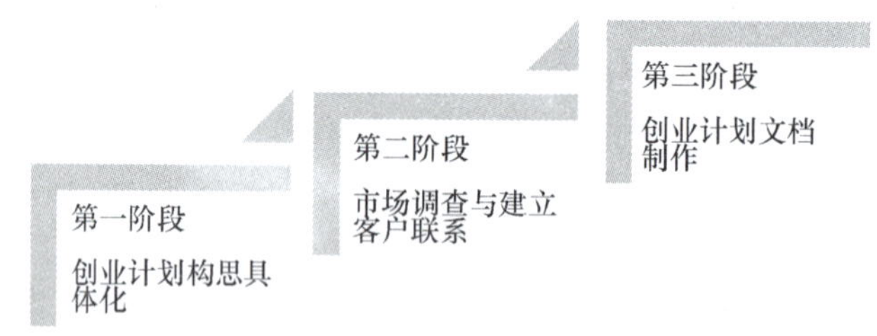

图4—21　创业计划书的编制过程

3. 创业计划书的构成要素

创业计划一定要写得很详细，它应该包括的构成要素及具体内容分析见表4—38。

表 4—38　创业计划书的要素分析

构成要素	内　容
概要	1. 企业的状况描述（摘要、项目概况） 2. 创业者个人与团队情况介绍
创业构思	1. 拟创办企业提供的产品和服务说明 2. 企业的目标顾客群体
市场评估	1. 顾客需求分析 2. 竞争对手分析 3. 行业背景分析 4. 营销计划
企业组织	1. 企业组织结构描述 2. 岗位职责 3. 企业管理人员背景资料
企业财务	1. 企业固定资产阐述 2. 财务计划 3. 风险评估
相关附件材料	1. 企业拟申请（或已经申请）营业执照及相关许可证 2. 产品或服务目录、价格表 3. 岗位责任和工作定额 4. 拟创办企业发展规划 5. 其他相关资料

学习要点二　介绍企业概要

创业者对企业基本概要的介绍，主要包括两部分：一是介绍预计创办企业的基本情况，包括企业提供的相关产品或服务的概述，企业的形态介绍及企业的经营宗旨等；二是介绍创业者或创业者团队的相关信息，即介绍创业者或其团队的基本情况。

一、企业基本概况

企业基本概况可以说是整个创业计划书浓缩的精华，它包含了企业现状和企业未来的发展计划。企业基本概况分为企业摘要和项目概况两方面。

1. 企业摘要

创业计划书企业状况描述摘要既要涵盖计划书的要点，又要做到一目了然，以便创业计划书的使用者在最短时间内对计划书做出评审和判断。摘要部分必须涵盖以下内容：公司介绍、管理者及其组织、主要产品和业务范围、营销策略、生产管理计划、销售计划、投融资计划、财务预算等。

2. 项目概况

虽然项目概况是另一种形式的摘要，但是它通过对创业项目的基本情况、创业机会、项目技术分析、技术创新点、技术发展的现状、技术可行性分析、技术特色分析等，把侧重点直接放在基本概念上，明确说明公司发展的目标，以及取得成功的关键。

二、创业者个人与团队情况介绍

创业团队中人的因素推动着项目的整体向前发展，这是投资人都明了的事情。创业者个人的经历是本次创业能否取得成功的一个关键因素，创业者与他的团队的默契和激情直接影响创业的效果。没有合适的人，再绝佳的想法也没有办法落实，只有团队成员互相合作，紧密无间，才能将创业工作落到实处。创业者与团队的情况介绍主要包括以下内容：

1. 创业者个人及团队成员的个人信息，包括姓名、性别、年龄、培训经历、学历/学位、毕业院校等。

2. 创业者个人的资源及其资金、精力投入的承诺等。

3. 团队成员的创业动机及创业热情。

4. 团队创业的创业能力，包括行业从业年限、主要工作经历和经营业绩以及团队成员合作的优势分析等。

5. 团队成员的权责分工说明。

学习要点三　创业构思可行性分析

创业构思主要是概括描述创业者拟创办的企业是什么，重点说明描述拟创办企业的产品和服务到底是什么，并且明确拟创办企业的目标顾客群体。创业者的创业构思要通过分析并验证以后才能证明其可行性。

一、创业者如何分析创业构思

一般来讲，创业指导人员会从以下几个方面帮助创业者学会对自己的创业构思进行分析：

1. 企业所提供的产品或服务是否有市场

在实际的创业计划指导过程中，首先，创业指导人员要帮助创业者明确市场调研对于拟创办企业的重要性；其次，创业指导人员要指导创业者如何进行细致的市场调研，确定拟创办企业的目标顾客，给自己的产品或服务在市场中定位；第三，创业指导人员帮助创业者在市场调研的过程中，通过对竞争对手的调研，清楚创业者与竞争对手有何优势和缺陷。创业者通过市场调研，了解了顾客的需求状况，继而确定企业的目标顾客，即企业的产品或服务要满足哪些客观的需求，满足哪些需求，如何满足顾客的需求；在了解市场供需的基础上，确定本企业的市场定位，向顾客传达出清晰的企业信息，使顾客可以十分明确地区分创业者的企业与竞争对手的区别；同时创业者也可以通过市场调研集中优势资源，选择对自己最为有利的营销模式，占领至少能够保证你的企业生存的市场份额，实现创业构思的可行性（具体调研信息见下文）。

2. 企业资源分配是否合理

创业指导人员需要帮助创业者学会评估企业的生产运作，并合理确定创业者拟创办企业的整个生产流程上的各个环节。帮助创业者通过对拟创办企业的资源优势与不足的评估与分析，会在整个生产程序、运营过程中合理分配企业资源。同时，帮助创业者通过对企业的岗位设计，合理进行拟创办企业的人员分工，从而实现拟创办企业的资源优势效应。创业指导人员还会帮助创业者通过对拟创办企业财务状况的分析，清楚地了解创业者拟创办企业的现金流动、收支平衡、资产负债等，创业者只有找到有效的控制财务的好方法，才会增强企业的融资能力，保证企业资金的有效运转，进而增强创业构思的可行性。

二、验证创业构思

创业指导人员首先需要指导创业者学会通过 SWOT 分析法来对创业构思进行验证，然后指导创业者通过对市场调研获得的信息与数据进行分析，来验证创业者的创业构思（具体方法见下文的市场评估与财务分析）。

学习要点四　市场评估

一、市场调研

创业指导人员在指导创业者进行市场调研时，要让创业者明确市场调研的范围。对于创业者来说，其拟创办企业的调研范围大致包括三个方面，即对于顾客需求情况的调研，对于竞争对手供给情况的调研，以及对于拟创办企业所属行业发展情况的调研。市场调研的信息主要包括以下内容，见表 4—39。

表 4—39　市场调研的信息

调研方向	关键信息点
调研目标顾客	1. 定义现有的产品和服务 2. 目标顾客的群体特征及群体数量 3. 顾客的真正需求及特殊需求 4. 顾客的购买行为 5. 顾客消费习惯的变化
调研竞争对手	1. 确定竞争对手 2. 分析拟创办企业与竞争对手之间的差异性 3. 估计来自竞争对手的威胁

续表

调研方向	关键信息点
调研行业背景	1. 确定拟创办企业所属的行业类型 2. 估算行业的规模 3. 确定行业主要发展趋势 4. 预测进入行业的障碍

二、分析市场调研信息

1. 分析目标顾客

创业者只有准确找到拟创办企业的目标顾客，通过调研对目标顾客的需求进行细致的分析，才能够比较客观地预测拟创办企业的顾客需求量以及预测拟创办企业的市场份额。创业者在调研的过程中要获得以下方面的信息：

(1) 顾客想要哪些产品或服务？为什么？

(2) 顾客对产品的品质、规格、型号、颜色、包装、售后等有什么要求？

(3) 顾客能接受多高的价格？

(4) 顾客居住在哪里？通常在哪购物？

(5) 顾客何时购物？多长时间购物一次？每次买多少东西？

(6) 顾客是否有特殊要求？他们愿意为此额外付费吗？

(7) 顾客的购物行为有变化吗？导致这种变化的原因是什么？

创业者只有通过对目标顾客的购物需求、购买力、购买频率及购买习惯进行细致深入的调研，并且对调研的信息进行归类分析，才有可能对市场的需求信息进行客观、合理的判断，在创业计划书中提供的数据信息才会有更高的说服力和价值。

2. 分析竞争对手

一般说来，创业者对竞争者的理解往往是同行业生产同一类型或提供相同产品或服务的企业，其实不然，还有一类竞争者的存在，就是不同行业但是能够提供替代公司产品或服务的企业。例如，摩托车企业的竞争者不仅仅是摩托车制造商还有汽车制造商。特别是创业者更容易忽视那些潜在的竞争对手，只有创业者比较客观、准确地确定企业的竞争对手，才能深刻分析客户的需求，降低投资的风险。对于竞争对手的分析请见表 4—40。

表 4—40　竞争对手分析要点

关键控制点	要点分析
确定你的竞争对手	要考虑哪些公司解决的问题和你即将打算替客户解决的问题是一样的，确定主要竞争对手、他们的产品和服务，以及他们的优势和劣势。每一个主要竞争者占有多大的市场份额？他们的市场营销策略是什么？他们成功的关键要素是什么？在你的创业计划书中，这些问题都应该有所反馈
分析企业与竞争对手之间的差异性	差异性才是企业存在的必要，如果不能回答出“你们的产品或服务于竞争对手之间的区别”，这是一个遗憾的创业计划。要想回答出这样的问题，首先要能够对你的客户需求的独特性做出回应，比如：你的产品是实用性强还是外观美型？你的服务是帮客户省钱还是提高他的工作效率？这些都是需要在创业计划中体现的创新点
估计来自竞争对手的威胁	你的竞争对手会给你的投资带来多大的威胁？在市场上客户对竞争对手有着强势的品牌认知吗？竞争对手是否会抵制一个新企业进入市场？企业的产品或服务是否具有不可复制性，竞争对手是否会迅速拷贝该技术

3. 分析行业背景

创业者应该尽量充分地了解拟创办企业所属行业的规模、发展趋势，以及关键特征。此外，创业者还应清楚地知道拟创办企业的产品或服务将如何适应该行业的发展。行业背景分析要点见表 4—41。

表 4—41　行业背景分析要点

关键信息控制点	要点分析
准确定义现有的产品和服务	若要定义企业现有的产品和服务，需要问自己以下几个问题： 该行业生产哪种类型的产品或服务？是制造业、服务业还是零售业

续表

关键信息控制点	要点分析
估算行业的规模	企业所在的行业的规模和结构到底是怎样的，你能回答出下面的问题： 1. 该行业的生产能力如何？它的单位产品销售额如何？它的总体获利情况如何 2. 该行业在地域上分布广泛还是在原材料产地集中，或者是为了便于销售而集中在终端用户附近
确定行业主要发展趋势	为了了解企业所在行业的发展，确定未来的发展趋势，你需要明确地知道：企业预期的增长速度是怎样；已经出现的哪些新型的发展模式是什么；哪些方面的因素有利于促进未来的发展；该行业是否处于四分五裂的状态，有许多小竞争者的存在；是否有行业龙头控制整个行业的发展；你所在的行业是一个尖端技术行业，还是提供稳定产品或服务的传统行业
预测进入行业的壁垒	在进入该行业之前，你需要了解自身的实力，明确地知道有哪些壁垒可能会阻止你进入这个行业。进入该行业你需要哪些资源、知识和技能？在提供产品或服务方面，是否会受到国家或国际法规的限制？你是否会受到巨额投资或复杂的技术知识领域的限制

三、制订市场营销计划

市场营销计划需要创业者详细描述拟创办企业的产品和服务的特点、价格、营业地点、销售渠道和促销方式，特别要说明企业的产品和服务跟竞争者有什么差异性等。市场营销计划是需要创业者先从全行业出发，再具体到目标市场的客户个体，通过分析逐步细化和深入目标群体，制订相应的计划。

市场营销计划更是企业长远战略目标和短期销售目标的结合体，创业者必须在两者的联系和冲突中寻找出最适合拟创办企业的营销组合。市场营销计划撰写的内容应该包括：明确企业的目标客户群，确定产品进入市场的方式；制订产品的推广计划、销售计划，以及计划所采取的各种策略；分析企业在竞争中的优势与不足，制订出最适合企业的最佳获利方式；在销售中，可能存在的各种营销组合策略；企业在未来 5 年内的定位及发展规划、各阶段性的目标，明确了解每个阶段的销售目标；展示企业在销售中，已经具有或可能具有的营销优势资源等。

此外，在计划书中还需要谈到的是企业采取的销售和促销的方式。创业指导人员在指导创业者制订市场营销计划时，应该提醒学员重点关注以下一些内容：

1. 拟创办企业所提供产品/服务的特色

创业者在对拟创办企业的产品/服务进行介绍时，要重点突出产品/服务的特色是什么，产品/服务能满足潜在顾客的耐性需求，产品/服务的核心价值在哪，要详细说明拟创办企业提供产品/服务的差异性是什么。

2. 影响企业制定价格的因素

企业只有给产品制定合适的价格，才能保证产品销售顺畅，企业获利。产品在定价时要考虑到以下因素，如图 4—22 所示。

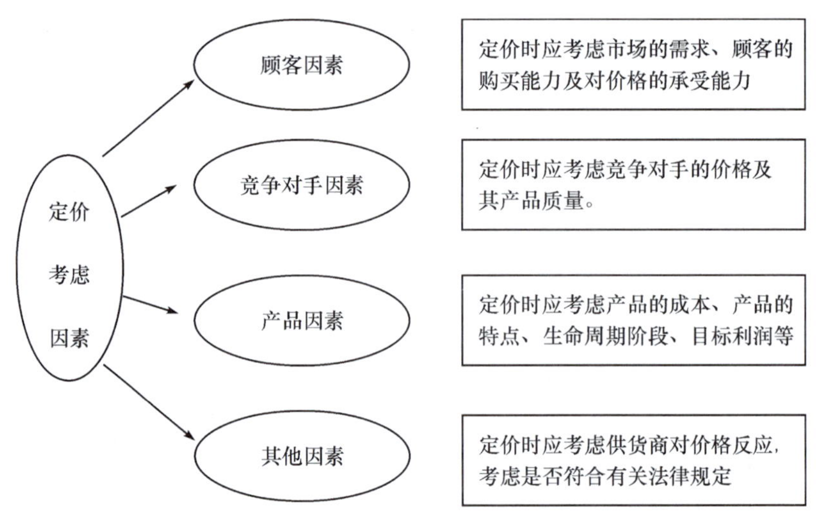

图 4—22　影响企业定价因素分析图

3. 创业者租赁经营场所应注意的问题

(1) 租赁经营场所的原则：地点合适、价格合理、运营无障

创业者在租赁经营场所之前，首先应了解房屋的基本条件及价格，查看房屋的产权状况，避免上当；其次要实地进行细致的考察，看是否适合自己所选项目的经营，房屋有无破损，楼面的受力以及水电等情况，了解价格及房租的税收情况，然后再写一份合约（一式两份），合约要规定租期、价格，是否可以进行装修，税额的负担人，所租的面积多少，其他杂费由谁负担等。其中最为重要的是它是否适合你的生意，一般原则是首先看它的地段，其次是房租。不能贪便宜找

一个没顾客的地段。

(2) 注意城镇发展的变化

随着经济的发展，城镇发展进程的加快，以及人们生活观念的转变，有些城镇人口稠密区和商业繁华区都在不断增多和扩大，很多城市在四面扩张，会有新的商业密集区出现。创业者在选择场地就要充分注意到这一点，用长远的、发展的眼光对待这一问题。

4. 创业者如何选择促销模式

促销是创业者在拟定市场营销计划中必不可少的环节，主要方式有人员推销、广告、公共关系推广、营业推广。根据公司的销售方式来看，一般的模式有线上促销和线下活动促销。线上促销是伴随着网络的兴起，新兴的促销模式，许多品牌型企业、电子商务型公司都有采用，策划线上活动，折扣或组合购买等。线下活动促销是传统的促销模式，降价折扣、组合销售、现场体验等都是其可采取的方式，这里需要特别说的是展示、娱乐活动环节是其特有的优势。

学习要点五　企业组织结构介绍

企业管理的好坏，直接决定了企业经营风险的大小，而高素质的企业员工和良好的组织结构则是创业者管理好企业的重要保证。

一、企业组织结构描述要点

在创业计划书中，创业者要明确标出企业的法律责任形态，是有限责任公司、个人独资企业或者合伙企业，还是其他什么？创业者应对公司结构做一个简要介绍，包括：公司的组织机构图；各部门的功能与责任；各部门的负责人及主要成员；公司的报酬体系；公司的股东名单，包括认股权、比例和特权；公司的董事会成员；各位董事的背景资料。

这里还需要提到的是，如果企业是合伙企业，则应该在合伙人协议中将企业的出资方式、出资金额、利润分配和亏损分摊、经营分工、权限和责任、合伙人的责任等相关内容体现出来。

二、签订合作协议书

如果是合伙企业，为了避免合伙经营过程中出现管理利润分成上的纠纷，应该在合作之前签订“合作协议书”。在签订“合作协议书”时应明确规定以下几个方面的条款：

1. 明确合伙人的管理权限和范围。
2. 确认合伙的期限，明确合伙人提前脱离合伙制的处理方式。
3. 确认合伙者的投资额及所占股份的比例。
4. 明确利润的分配。
5. 确认吸引新的合伙者的办法。
6. 明确合伙者的责任。

学习要点六　企业财务分析

创业者在创业计划中的财务分析就是要通过测算销售额、成本和利润来反映企业的效益和启动资金的需要量。

一、企业固定资产阐述

创业者在创业计划书中要明确拟创办企业是制造型、销售型、还是服务型企业，拟创办企业的固定资产有哪些，从生产设备、交通工具、办公设备、到厂房、家具、土地等需要有完整的叙述，表现形式以表格为佳。

二、企业财务计划

创业者在创业计划书中财务计划的主要内容包括计算资产的流动性，企业收益预测，企业资产负债预测等。企业资产的流动性包括现金的流入和流出、筹资安排和现金储备。企业收益预测的内容有销售收入预测、成本费用预测、净利润预测。资产负债表表示公司在某一时间点上资产与负债的状况。资产负债表的一侧表示公司的流动资产以及固定资产；另一侧表示负债、流动负债，长期负债以及所有者权益等。

创业指导人员在指导创业者进行财务计划制订时，要特别注意两点：企业经济效益的分析和企业盈亏平衡的分析。

三、企业风险分析

对于创业者来说，拟创办企业在未来的发展过程中，风险是不可避免的话题。世界上没有一家不存在风险的企业，创业本身就是一件具有风险的事情。只有清晰的指导企业风险的所在，才能够及时做好应对措施，做到合理、客观地规避风险。

通常，企业在发展中面临着四大风险：市场风险、竞争风险、管理风险、环境风险。创业指导人员在创业者进行企业风险分析时，应考虑以下因素（具体风险分析见表 4—42）。

表 4—42　企业风险分析

风险类型	分析内容
生产风险	指导学员分析企业可能产生的市场风险因素对产品市场的影响和敏感度，如客源流失、市场疲软、价格波动等带来的市场影响，并针对具体的因素，阐述控制风险的应对措施
竞争风险	指导学员分析企业主要竞争对手带来的竞争风险因素对竞争力的影响和敏感度，如经济实力、产品价格优势、市场认可度等，针对竞争对手的优势，创业企业目前的“瓶颈”，阐述控制风险的应对措施
管理风险	指导学员分析企业管理活动中可能产生的管理风险因素对产品开发和生产的影响和敏感度，如人事、人员流动、关键雇员依赖等原因造成的企业不稳定因素，制定相应的措施，规避风险的带来的不利影响

续表

风险类型	分析内容
环境风险	指导学员分析企业外部环境给企业带来的环境风险因素对产品的开发和生产的影响和敏感度，如国家产业政策调整、行业规章变化、国家商业环境变化等因素给企业带来的不利影响，阐述控制风险的应对措施。这里需强调的是前瞻性和及时性，学习经济规律，用前瞻性的眼光看全球宏观经济的动态。及时性是指面对突发状况的及时应对，以“商业打假活动”为例，给行业带来的质疑和消费者的不信任，须在事情发生后，立即采取应对的措施

学习要点七　创业计划书附录

附录是附在创业计划的后面，其主要目的是不影响计划主题部分的情况下，向读者提供一些补充信息。

一、创业计划附录的撰写

一般来讲，创业者往往会忽略创业计划书中的附录部分。其实，对于创业者来说，创业计划书中的附录提供的信息越详细，获取帮助的机会就越大。所以创业指导人员在指导创业者完善创业计划附录时，应该告知创业者，诸如申请哪种营业执照、产品或服务目录、价格表、岗位责任和工作定额及市场分析报告的调研资料和分析材料等均可以作为附录，以示创业者对创业的重视，同时，也是信息准确性、实效性的重要考量指标。创业者特别需要把拟创办企业未来发展过程中的重大事件和规划列入创业计划中，这可以让读者对企业的规划表一目了然。另外，创业者和创业团队的正规履历、创业相关经历及其获得的一些成就的表彰内容，也是附录的重要内容。如果创业者拟选择的创业项目是科技型项目，具有相关的知识产权和专利，在附录中也应有相对的证书和内容进行表述。

二、创业计划书附录撰写的注意事项

创业指导人员在指导创业者进行拟创办企业未来规划的撰写中，要注意提醒

创业者只需写出可以明确界定、易于衡量的重大事件即可，不要把创业中的每一个事件和步骤都写进入。此外，在使用日期时，尽量使用泛指日期，要给自己留有时间余地来处理突发事情，毕竟，创业者永远不可能知道下一刻会发生的事情。企业未来规划最后使用时间线加上具体叙述来展示，以便能够看到清晰的时间结点，也可具体了解相关事宜。

学习要点八 创业计划书常见的问题

在撰写创业计划书的过程中，基于创业者缺乏经验、过度保护商业机密、创业思路不清晰等原因，创业团队在创业计划书中常出现过分保密、逻辑混乱、商业价值不明的情况。创业计划书常见的问题包括：

一、商业模式不清晰，潜在市场机会难以预测

创业之初，创业者往往希望自己什么都能做，什么都能抓，造成企业的商业模式不明的状况，这样的情况同样反映在计划书上，所有的人群都是自己的客户，企业可以从事终端、渠道全部的工作等。因此，在创业计划书中一定要明确表明企业的商业模式，定义你的目标群体，才能清楚地知道企业是否有潜在的商业机会。

二、忽视企业风险的分析，缺乏风险规避的预案

创业是有风险的事情，世界上不存在没有风险的创业，在创业计划中没有表明创业风险的存在，只有两种可能性：一是对本次创业分析不到位，没有清晰地认识创业项目的利弊；二是隐瞒创业风险的存在，获得相关的支持。无论是以上哪种情况，对于创业者来说都没有帮助，只有创业者认识到创业风险的存在，并积极思考，才能制定风险规避的方法。要知道，风险并不可怕，可怕的是忽略它的存在。及早意识到，才能及早预防。

三、没有明确标出企业的营收平衡点、投资回报率等关键数据

投资者最关心的问题是，投资企业是否能赚钱，什么时候能收回投资的钱，投资的回报是多少等问题，同时，这些问题也是创业者及其团队需要关心的，因此在创业计划书中，要明确地列出企业营收平衡点、投资回报率等关键数据。

四、数据过时或不准确

有些创业者，为了避免麻烦，在用数据例证时，没有进行深入的调查分析，直接沿用过往的数据。殊不知，过时的数据只会让创业计划停留在纸上谈兵的阶段，根本不具备参考价值。更有甚者，创业者直接编造有利数据来获得投资人或政府的支持。然而，投资人或者政府相关人员都是经验丰富的专业人士，对于数据会有自己的认识和判断，编造数据的创业者结果只能是自己吃亏。

五、没有展现团队创业激情及团队分工权责

现阶段，中国的投资行业仍然是以投“人”为主，这个“人”不仅仅是指创业者，还有他的团队。投资人在投资时会关注团队的创业激情，如果连自己都没有热情，怎么能够感染投资人投钱呢?

当然，敢想还要能够敢做。即使创业团队再有激情，但没有根据各自的技能和资源制定相应的权责分工，没有合理的管理机制，投资人还是不会轻易投出自己的资金的。

因此，在计划书中不要忽略团队的创业激情，且要合理进行权责分工，体现创业团队的优势。

六、不清楚投资者的关注点

对于创业者来说，制订产业计划书一定要关注投资人真正想要的信息是什么。投资人在使用计划书时，主要的关注点包括：

1. 企业提供的核心产品/服务是什么。

2. 企业的生产工艺、服务过程。

3. 创业团队拥有的资源。
4. 消费者群体的需求量。
5. 竞争对手的市场份额。
6. 拟创办企业的股本结构（资产状况、股东背景）。
7. 营销策略（营销管理）。
8. 财务分析（利润点、风险、投资回收期）。

思考与练习

小林家住农村，由于家里人多地少，生活很艰苦。2009 年考上某大学物流运输专业，几年的学习生活，让小林产生了毕业后自己创业，帮助家里过上好日子的想法。特别是在看到某重点高校毕业生自创公司卖猪肉的报道后，更坚定了其创业的信心，小林决定毕业后在自己家附近建一座养殖场。有了这个想法之后，他找到学校的创业指导人员周老师，周老师让他做一份开办养殖场的创业计划书，小林觉得有难度。你能帮助小林吗？你会建议小林的创业计划书要重点体现哪些方面的内容？为什么？

参考文献

1. 李先国等．创业咨询师．北京：中国劳动社会保障出版社，2008

2. ［美］杰弗里·蒂蒙斯，小斯蒂芬·斯皮内利著．创业学（第六版）．周伟民，吕长春译．北京：人民邮电出版社，2005

3. 常桦．咨询师手册．北京：中国纺织出版社，2005

4. 张文霖，刘夏璐，狄松．谁说菜鸟不会数据分析．北京：电子工业出版社，2011

5. MBA智库整理汇编．赢取竞争的100＋N工具箱

6. 刘常勇．创业管理的12课堂．台北：天下文化出版社，2002

7. 陈立华．咨询的真相．北京：人民邮电出版社，2007

8. ［美］布洛克．完美咨询：咨询顾问的圣经．于凤霞译．北京：中国劳动社会保障出版社，2003

9. 王绪君．管理学基础．北京：中央广播电视大学出版社，2008

10. 武洪明．许湘岳．职业沟通教程．北京：人民出版社，2011

11. ［美］哈佛商学院出版公司：制定商业计划．王春颖译．北京：商务印书馆，2011

12. 周永亮．战略执行体系构建手册．北京：机械工业出版社，2010

13. 吴晓威．小企业管理．北京：中央广播电视大学出版社，2011

14. 朱煜．马太效应．北京：中国纺织出版社，2007

15. 人力资源和社会保障部职业技能鉴定中心．解决问题能力训练手册．北京：人民出版社，2011

16. 人力资源和社会保障部职业技能鉴定中心．自我学习能力．北京：人民出版社，2011

17. 人力资源和社会保障部职业技能鉴定中心．与人交流能力训练手册．北

京：人民出版社，2011

18. ［美］施伟德．没有任何借口．北京：新世界出版社，2009

19. 百度百科，http：//baike. baidu. com

20. 百度文库，http://wenku. baidu. com/view/9c70563243323968011c928f. html